MANUAL DO
CONTADOR

Guia para iniciantes na profissão contábil

CB035511

Grupo
Editorial
Nacional

O GEN | Grupo Editorial Nacional – maior plataforma editorial brasileira no segmento científico, técnico e profissional – publica conteúdos nas áreas de ciências sociais aplicadas, exatas, humanas, jurídicas e da saúde, além de prover serviços direcionados à educação continuada e à preparação para concursos.

As editoras que integram o GEN, das mais respeitadas no mercado editorial, construíram catálogos inigualáveis, com obras decisivas para a formação acadêmica e o aperfeiçoamento de várias gerações de profissionais e estudantes, tendo se tornado sinônimo de qualidade e seriedade.

A missão do GEN e dos núcleos de conteúdo que o compõem é prover a melhor informação científica e distribuí-la de maneira flexível e conveniente, a preços justos, gerando benefícios e servindo a autores, docentes, livreiros, funcionários, colaboradores e acionistas.

Nosso comportamento ético incondicional e nossa responsabilidade social e ambiental são reforçados pela natureza educacional de nossa atividade e dão sustentabilidade ao crescimento contínuo e à rentabilidade do grupo.

JOSÉ CARLOS **MARION**
RICARDO PEREIRA **RIOS**

MANUAL DO
CONTADOR

Guia para iniciantes na profissão contábil

- **Atendimento ao cliente: (11) 5080-0751 | faleconosco@grupogen.com.br**

- Direitos exclusivos para a língua portuguesa
  Copyright © 2023 *by*
  Editora Atlas Ltda.
  Uma editora integrante do GEN | Grupo Editorial Nacional
  Travessa do Ouvidor, 11
  Rio de Janeiro – RJ – 20040-040
  www.grupogen.com.br

- Capa: Manu | OFÁ Design

- Imagem de capa: nespix | iStockphoto

- Editoração eletrônica: Viviane Nepomuceno

- Ficha catalográfica

CIP-BRASIL. CATALOGAÇÃO NA PUBLICAÇÃO
SINDICATO NACIONAL DOS EDITORES DE LIVROS, RJ

M295m

    Marion, José Carlos
      Manual do contador : guia para iniciantes na profissão contábil / José Carlos Marion, Ricardo Pereira Rios. - 1. ed. - Barueri [SP] : Atlas, 2023.

    Inclui bibliografia e índice
    ISBN 978-65-5977-539-2

    1. Contabilidade. I. Rios, Ricardo Pereira. II. Título.

	CDD: 657
23-85257	CDD: 657

Meri Gleice Rodrigues de Souza - Bibliotecária - CRB-7/6439

Apresentação

Há quem pense que em uma relação de ensino e aprendizagem apenas o aluno aprende. Isso não é verdade! Os professores estão em constante aprendizado com os alunos, seja com situações do dia a dia, seja com histórias de suas vivências ou até mesmo com informações e atualizações da própria profissão. A experiência da docência é muito rica e nos traz enorme satisfação pessoal.

Os autores conviveram, ao longo de suas trajetórias, com diversas turmas de alunos e, ano após ano, novas turmas iam chegando. O professor, ao se deparar com uma nova turma, logo tenta conhecê-la, saber de suas experiências, o que já fizeram e, sobretudo, porque escolheram o curso de Ciências Contábeis, quais suas aspirações, o que pensam em fazer na carreira contábil etc. Com exceção de pequena parte dos alunos que já têm uma ideia do que pretende e porque escolheu o curso, a grande maioria não sabe o que esperar da profissão. Muitos não sabem ainda nem o porquê escolheram o curso. Ao longo do tempo, conhecerão melhor as temáticas teóricas, a profissão, se informarão sobre suas perspectivas e, com isso, se motivarão para a conclusão do curso, após 4 anos de estudos, que não são nada fáceis.

Depois de terminados os estudos, vem o choque com a realidade prática, relatado pela maioria dos alunos. O que fazer? Por onde começar? Para aqueles que já estavam no mercado de trabalho, essa passagem da fase de estudante para profissional da Contabilidade fica mais fácil e tranquila, mas para aqueles que não tiveram nenhum contato com a profissão, de modo prático, o sentimento é de estar perdido, sem saber como começar, com medo de ingressar em uma empresa e, com a formação já concluída, não saber aplicar as teorias vivenciadas ao longo do curso em situações práticas do cotidiano empresarial e contábil.

Quase a totalidade dos cursos de Ciências Contábeis privilegiam a formação teórica do profissional, deixando a práxis para segundo plano, e, quando o aluno chega ao mercado de trabalho, se assusta com a realidade.

Foi essa experiência que nos motivou a dedicar, nesta obra, nossos esforços, a fim de auxiliar esses estudantes de Contabilidade.

Pelos relatos dos alunos, fica para eles uma indagação: **sou contador e agora?**

Neste livro, apresentamos um guia para o contador iniciante, dividido em três partes. Na primeira, tratamos sobre a profissão contábil, o que o mercado espera do profissional da Contabilidade e os desafios e as oportunidades da profissão para hoje e para o futuro. Na segunda, apresentamos ao leitor os diversos departamentos existentes em empresas e em organizações contábeis, suas principais rotinas, obrigações acessórias fiscais e como tratá-las e atendê-las de forma correta e eficaz. Na terceira e última parte, abordamos a tecnologia da informação e sua influência na profissão contábil, a gestão de pessoas nas organizações e a gestão da qualidade.

Nossa expectativa é que o leitor esclareça suas dúvidas em relação à profissão contábil, aos caminhos que pode seguir e de que forma fazer isso. Esperamos contribuir com os estudantes egressos para que possam aproveitar as oportunidades dessa grandiosa profissão que é a Contabilidade.

Os autores
São Paulo, 2023.

Prefácio

Fiquei muito feliz com o convite para prefaciar o livro *Manual do Contador – Guia para Iniciantes na Profissão Contábil* dos amigos professores José Carlos Marion e Ricardo Pereira Rios. A obra é destinada ao recém-formado em Contabilidade e que tem grandes caminhos e desafios pela frente.

Começar em uma profissão não é nada fácil. De modo geral, saímos da universidade com uma visão teórica da Contabilidade e, quando nos deparamos com o cotidiano prático, muitas vezes, ficamos perdidos e sem saber a quem recorrer.

É com grande prazer que apresento este guia fundamental para os novos profissionais da área contábil. O livro aborda as habilidades e os conhecimentos essenciais para atuar no mercado de trabalho. Escrito por autores com grande vivência teórica e prática, esta obra é uma ferramenta valiosa para aqueles que estão iniciando sua carreira e precisam se familiarizar com as melhores práticas de negócios, além de aprender os caminhos para o sucesso.

O livro é dividido em três partes. Na primeira, os autores apresentam a profissão contábil, como ela se desenvolveu e o perfil para um profissional moderno em Contabilidade. Com base nas mais recentes e avançadas pesquisas, o leitor terá uma clara visão do que o mercado busca de um bom profissional.

A segunda parte apresenta uma visão detalhada dos principais departamentos de uma empresa ou de um escritório de Contabilidade. Traz importantes dicas de como atuar em cada um deles, principais rotinas, prazos, obrigações etc., dando ao recém-formado o "caminho das pedras".

Na terceira parte, os autores abordam os departamentos de apoio, que hoje são fundamentais em qualquer empresa, como a tecnologia da informação, os recursos humanos e a gestão da qualidade. Informações de suma importância que dão ao profissional da Contabilidade uma visão mais ampla da organização e da própria profissão.

Com dicas práticas e exemplos concretos, este livro é um companheiro indispensável para qualquer profissional que busca aprimorar seus conhecimentos em Contabilidade e consolidar sua carreira.

Espero que esta obra seja inspiradora para os leitores.

Parabéns aos autores por este relevante livro para a Contabilidade.

Sérgio de Iudícibus
São Paulo, 2023.

Recursos Didáticos

Para facilitar o aprendizado, este livro conta com o seguinte recurso didático:
• QR Codes com *links* diversos para conteúdos adicionais.

Para acessá-los, basta posicionar a câmera de um *smartphone* ou *tablet* sobre o código.

Sumário

PARTE I

PROFISSÃO

Nesta primeira parte do livro, abordaremos a profissão contábil, passando por sua história, evolução e modificações ao longo do tempo. A seguir, apresentaremos as mudanças no perfil do profissional da Contabilidade com o passar dos anos, até os dias atuais, bem como as pesquisas e tendências para o futuro da profissão.

1 Profissão Contábil

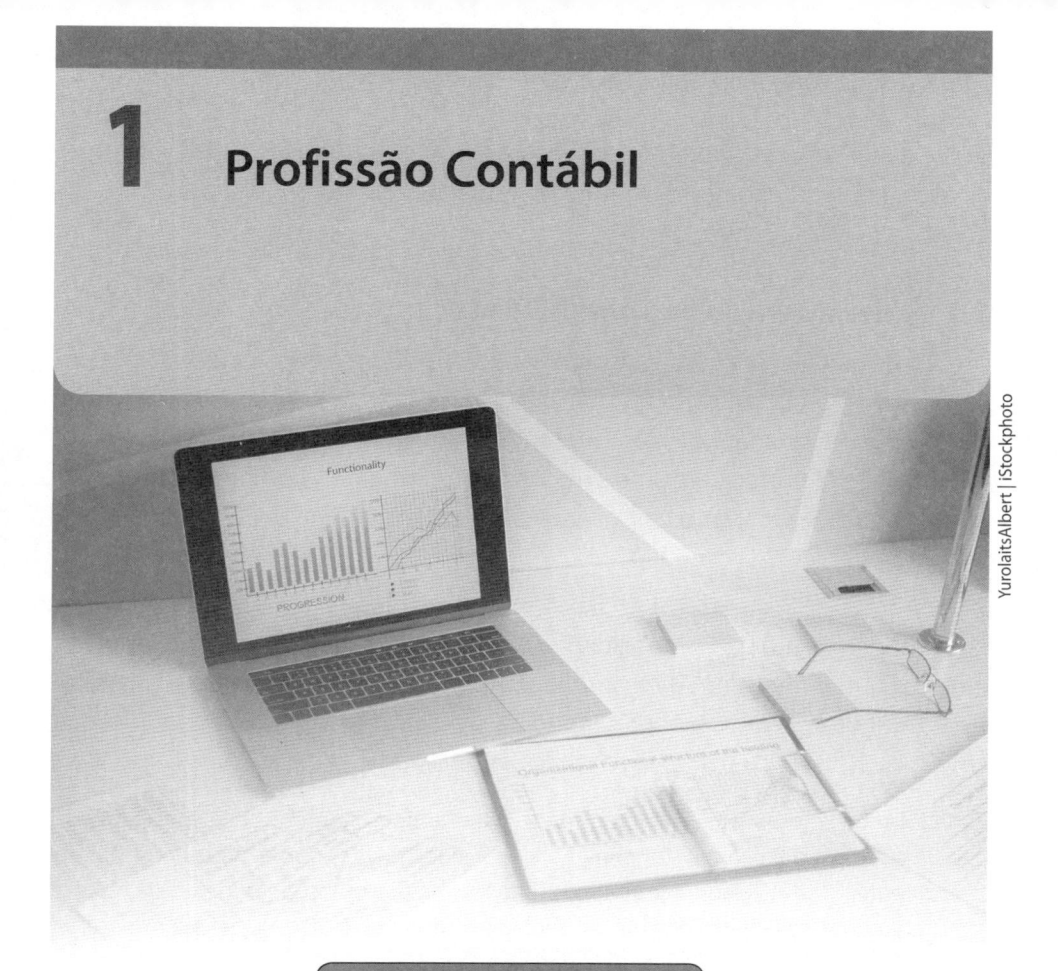

YurolaitsAlbert | iStockphoto

INTRODUÇÃO

O objetivo deste livro é oferecer aos leitores uma visão clara e prática sobre a profissão contábil, as áreas que podem ser exercidas com essa formação e como ser um profissional preparado para as novas tendências de mercado. É importante destacar que não temos a pretensão de fazer um livro extenso e cheio de história da Contabilidade, mas sim uma ferramenta que possa, de fato, ser um guia para a carreira. Contudo, em algumas partes, não foi possível deixar de voltar um pouco na história para explicar os rumos da profissão contábil atualmente, como neste capítulo, em que abordaremos a profissão contábil de maneira mais ampla.

1.1 Breve evolução da Contabilidade

Antes de falarmos sobre a Contabilidade como profissão, é necessário contextualizar a própria Contabilidade, a essência de sua criação e como ela se desenvolveu e se adaptou com o tempo para se tornar uma ciência. Sem pretensão de explorarmos a história de forma cronológica e completa, apresentaremos o que consideramos ser o essencial para entendê-la.

1.1.1 *Origem*

A origem exata da Contabilidade não é conhecida. No entanto, várias pistas indicam que é muito antiga e surgiu com a necessidade de controle quantitativo da riqueza. Em sua obra *Contabilidade Empresarial e Gerencial*, Marion (2022, p. 10) explica o surgimento da Contabilidade:

> Costuma-se dizer que a Contabilidade é tão antiga quanto a origem do homem. Se abrirmos a Bíblia em seu primeiro livro, Gênesis, entre outras passagens que sugerem a Contabilidade, observamos uma "competição" no crescimento da riqueza (rebanho de ovelhas) entre Jacó e seu sogro Labão (± 4.000 a.C.). Se a riqueza de Jacó crescia mais do que a de Labão, para conhecer esse fato era necessário um controle quantitativo, por mais rudimentar que fosse.

Em outro trecho, Marion (2022, p. 10) cita o livro de Jó, também com pistas da Contabilidade:

> O livro de Jó é considerado o mais antigo da Bíblia. Já no início deste livro há uma descrição exata da riqueza de Jó, nos mínimos detalhes. Isso mostra que Jó, considerado na época o homem mais rico do Oriente, tinha um "excelente contador".

Pesquisando um pouco sobre a história da Contabilidade, encontramos também, no livro *Teoria da Contabilidade* (2021, p. 13), do mestre e professor Sérgio de Iudícibus, um importante relato:

> [...] Alguns historiadores fazem remontar os primeiros sinais objetivos da existência de contas a aproximadamente 2.000 anos a.C. Entretanto, antes disto, o homem primitivo, ao inventariar o número de instrumentos de caça e pesca disponíveis,

ao contar seus rebanhos, ao enumerar suas ânforas de bebidas, já estava praticando uma forma rudimentar de Contabilidade. É possível localizar os primeiros exemplos completos de contabilização, portanto, seguramente no terceiro milênio antes de Cristo, na civilização da Suméria e da Babilônia e Mesopotâmia (hoje Iraque), no Egito e na China. Mas é provável que algumas formas mais rudimentares de contagem de bens tenham sido realizadas bem antes disto, talvez por volta do quarto milênio antes de Cristo [...].

Pelo que verificamos nessas referências, de fato a Contabilidade surge como instrumento de controle e de mensuração da riqueza. Mas, e depois, como foi se modificando?

1.1.2 Partidas dobradas

Em 1494, foi publicada a obra *Summa de Aritmética, Geometria, Proportione et Proportionalitá*, do frade franciscano Luca Pacioli.

No tratado, são apresentados assuntos matemáticos e contábeis. Obras anteriores já traziam alguns assuntos contábeis; contudo, a obra de Pacioli foi a primeira a ser impressa, favorecida pela invenção da prensa por Gutenberg.

A parte contábil da obra era trazida pelo *Tractatus de Computis et Scripturis*. O documento era dedicado à difusão das partidas dobradas e ao aconselhamento dos comerciantes sobre como manter em boa ordem seus registros contábeis. Suas 16 partes continham: 1) coisas necessárias ao comerciante; 2) inventário; 3) três livros mercantis: Borrador, Diário e Razão; 4) autenticação dos livros contábeis; 5) Borrador; 6) Diário; 7) Razão; 8) registro dos fatos inerentes à compra de mercadorias, às permutas, às sociedades etc.; 9) registros relativos às relações com as entidades públicas; 10) contas de despesas; 11) contas de estoques (armazéns); 12) conta de lucros e perdas; 13) estornos de lançamentos; 14) fechamento das contas; 15) arquivo das correspondências; e 16) particularidades sobre o "livro dos comerciantes".

A obra é de grande importância e continua a ser utilizada até hoje no meio contábil; além disso, representou o marco que foi o nascimento da Escola Italiana de Contabilidade, preponderante no mundo todo até o início do século XX.

Luca Pacioli foi um frei muito culto, amigo de Leonardo Da Vinci e autor de diversas obras. Contudo, sua obra mais importante e reconhecida foi a *Summa de Aritmética*, que o levou a ser o grande difusor do método das partidas dobradas e considerado por muitos "o pai da Contabilidade".

Figura 1.1 Luca Pacioli.
Fonte: https://www.thefamouspeople.com/profiles/luca-pacioli-8234.php. Acesso em: 14 ago. 2023.

1.1.3 *Escolas de Contabilidade*

Ao longo do tempo, diversas escolas de pensamento surgiram e cada uma delas ofereceu sua contribuição em teorias que tentavam explicar os objetivos e a atuação da Ciência Contábil. Cada escola trouxe sua visão particular e, de certa maneira, uma acabava avançando em relação a outra. No Quadro 1.1 são apresentadas, resumidamente, as principais escolas e seus pensamentos.

Quadro 1.1 Escolas de pensamento da Contabilidade

Escola	Precursor(es)	Época	Pensamento principal
Contista	Luca Pacioli Benedeto Cotrugli Edmundo de Granges	Séculos XV a XVIII	• Partidas dobradas • Evidenciar os saldos das contas a receber e a pagar • Contas representam o conjunto de débitos e créditos que uma pessoa tem em relação a outra • Teoria das cinco contas: mercadoria, dinheiro, efeitos a receber, efeitos a pagar e lucros e perdas
Administrativa ou lombarda	Francesco Villa Antonio Tonzig	Segunda metade do século XIX	• Relação entre a Administração Econômica e a Contabilidade

(continua)

(continuação)

Escola	Precursor(es)	Época	Pensamento principal
Personalista	Michele Riva Francesco Marchi Giuseppe Cerboni Giovanni Rossi	Segunda metade do século XIX	• Aberturas de contas em nome de pessoas, físicas ou jurídicas • Teoria logismográfica: Economia, Administração e Contabilidade formam unidade
Veneziana ou controlista	Fábio Besta Vittorio Alfieri Carlo Ghidiglia Pietro Rigobon Pietro D'alvise	Século XIX	• Distinção entre conceito de Administração Geral e Econômica • Controle econômico
Matemática	Giovanni Rossi Pierre Garnier	Século XIX	• Defendeu a ideia de que a Contabilidade não seria uma ciência social, como julgavam as outras escolas, mas uma ciência com base na Matemática
Neocontista ou moderna francesa	Jean Dumarchey	Século XIX	• Contas são divididas em ativo, passivo e conta da situação líquida • Ativo e passivo eram representados por valores concretos e a situação líquida, por valores abstratos
Alemã	Eugen Schmalenbach Fritz Julius August Schmidt	Final do século XIX	• Direcionada para análise da gestão e da organização das empresas, buscando sistematização dos conhecimentos e formulação dos princípios
Italiana ou aziendale	Gino Zappa	Início do século XX	• Reunir em uma só disciplina todas as doutrinas, desenvolver um sistema teórico-contábil a partir do resultado
Patrimonialista	Vincenzo Masi	Início do século XX	• Estuda o patrimônio à disposição das aziendas em seus aspectos estático e dinâmico e suas variações

Fonte: Elaborado pelo autor com base em Schmidt e Santos (2008).

Deixamos a Escola Norte-Americana fora do Quadro 1.1, pois suas teorias merecem destaque à parte.

1.1.4 *Escola Norte-Americana*

A Escola Norte Americana é a mais influente e predominante no mundo desde o século XX. A influência se deve ao seu grande aspecto prático para a resolução de problemas cotidianos nos negócios, apresentando respostas significativas para os problemas ligados à gestão. Esse direcionamento, com um viés gerencial, demonstra que a escola prioriza a qualidade da informação contábil e o quanto isso é relevante para a tomada de decisão.

Destaca-se na Escola Norte-Americana a forte presença das associações profissionais, entre as quais podemos citar: American Accounting Association (AAA), fundada em 1916; American Institute of Certified Public Accountants (AICPA), fundado em 1887, com a denominação American Association of Public Accountants (AAPA); e Financial Accounting Standards Board (FASB), fundado em 1973.

Os personagens mais marcantes dessa escola foram: Charles Ezra Sprague, Henry Rand Hatfield, Maurice Moonitz, William Andy Paton, Ananias Charles Littleton, Carman George Blough, Raymond John Chambers, Richard Mattessich, Lawrence Robert Dicksee, Kenneth Most, Robert Sprouse e Kenneth Forsythe MacNeal.

A Escola Norte-Americana também foi base importante para a mudança no ensino da Contabilidade no Brasil, iniciado na Universidade de São Paulo (USP), na década de 1960.

1.1.5 *Contabilidade no Brasil*

O Quadro 1.2 mostra resumidamente que no Brasil tudo começou com as escolas de comércio, em 1809, cuja regulamentação ocorreu em 1846 por meio do Decreto nº 456, determinando duração de 2 anos para as aulas de comércio e estabelecendo uma grade curricular básica.

Quadro 1.2 Primeiro currículo básico das aulas de comércio

Ano	Disciplinas
1º	Aritmética e geometria; geografia geral, comercial e do Brasil; juros simples e compostos, desconto, cálculo de anuidades, amortização, regras de companhia e de liga; moedas e câmbio; pesos e medidas nacionais e estrangeiras
2º	História geral do comércio; comércio marítimo e terrestre; prática de letras de câmbio; seguros; falências e concordatas; bancos e suas operações e arrumações de livros

O currículo sofreu modificações a partir de 1850, com o surgimento do Instituto Comercial do Rio de Janeiro, no qual foram criadas as cadeiras de Contabilidade e de Escrituração Mercantil. Em 1863, o curso passou por reformulação e sua duração foi ampliada para 4 anos. Além disso, foi introduzido o ensino de três idiomas: francês, inglês e alemão, conforme apresentado no Quadro 1.3.

Quadro 1.3 Segundo currículo básico das aulas de comércio

Ano	Disciplinas
1º	Francês, inglês, aritmética (aplicada às operações comerciais) e álgebra
2º	Francês, inglês, aritmética, álgebra, geometria, geografia e estatística comercial
3º	Alemão, geografia, estatística comercial, direito comercial (e legislação de alfândegas e consulados) e escrituração mercantil
4º	Alemão, direito comercial e escrituração mercantil

Parece-nos que o currículo de antigamente era bem mais amplo do que os currículos atuais em termos de conhecimentos gerais e cultura.

Em 1870, surgiu o marco regulatório da profissão contábil, o Decreto Imperial nº 4.475, que reconheceu a Associação dos Guarda-Livros da Corte, aprovando seu estatuto social.

Novas alterações surgiram no curso em 1879, extinguindo as cadeiras de inglês, francês, alemão, caligrafia e matemática. Em 1880, o período do curso foi reduzido, retornando para os originários 2 anos.

Em 1902, surge a Fundação Escola de Comércio Álvares Penteado (FECAP), em São Paulo, fundada pelo conde Silvio Álvares Penteado, sendo um grande marco para o ensino da Contabilidade. Em 1905, houve a publicação do Decreto nº 1.339, que reconheceu oficialmente os diplomas expedidos pela Escola Prática de Comércio, instituindo o curso geral e o curso superior.

Mas foi em 1946, com o advento do Decreto nº 9.295, que houve o maior avanço da profissão até então. Foi criado o Conselho Federal de Contabilidade (CFC) e foram definidas as atribuições do contador e do guarda-livros, além de outras providências. Os contadores passaram a ser graduados em Ciências Contábeis; já os técnicos em Contabilidade eram formados pelas escolas de comércio, com nível médio.

Em 1958, por meio do Decreto nº 3.384, os guarda-livros passaram a ser denominados técnicos em Contabilidade.

No Brasil, a Contabilidade foi muito influenciada pela Escola Italiana, ou seja, com foco nos registros contábeis e forte influência do Fisco.

Em 1976, houve uma mudança substancial na Contabilidade brasileira com o advento da Lei nº 6.404, também chamada "Lei das S.A.", que foi inspirada no modelo norte-americano e disciplinou as regras das sociedades por ações. Isso foi necessário porque o mercado de capitais estava em expansão no Brasil. De 1976 até 2007, houve pouca alteração na legislação contábil brasileira; em contrapartida, o mundo evoluía com normas que modernizavam a Contabilidade para novas realidades apresentadas pela sociedade.

Em 2007, finalmente foi aprovado o projeto de lei que tramitava no Congresso Nacional desde 2000, o qual permitia a conformação das normas brasileiras de Contabilidade com as normas internacionais do International Accounting Standards Board (IASB). O projeto se transformou na Lei nº 11.638/2007.

> **DICA**
>
> Para estudos mais avançados da Contabilidade e para o uso profissional, recomendamos a leitura do livro *Manual de Contabilidade Societária* (Santos/Iudícibus/Martins/Gelbcke), publicado pelo GEN | Atlas, também chamado pelos profissionais da Contabilidade "a bíblia do contador".

Esses marcos foram considerados por Iudícibus, Gelbeck, Martins e Santos, na clássica obra *Manual de Contabilidade Societária* (2022), no prefácio à quarta edição, como as grandes revoluções da Contabilidade nos séculos XX (Lei das S.A.) e XXI (Lei nºs 11.638/2007, 11.941/2009 e 12.973/2014). Comentaremos mais adiante, detalhadamente, o processo de concordância às normas internacionais.

1.1.6 *Processo de conformação das Normas Brasileiras de Contabilidade às Normas Internacionais*

Dois órgãos muito importantes da Contabilidade foram criados no ano de 1973: o primeiro, norte-americano, o FASB, que dominou o cenário mundial de normas contábeis durante muitos anos; o segundo, o IASB, antigo International Accounting Standards Committee (IASC), de Londres, no Reino Unido.

Esses órgãos tinham como objetivo reunir representantes de vários setores da Contabilidade, como auditores, agências de seguro, contadores, governos, comissão de valores mobiliários, bancos centrais, membros da academia etc., para debater agendas para adequações das normas existentes e adaptações necessárias para acompanhar as evoluções da economia e dos negócios. Portanto, são órgãos de pronunciamentos contábeis que apresentam de forma prescritiva as melhores práticas da área, com base nas melhores experiências vivenciadas no mercado e na academia.

Importante ressaltar que as normas emitidas por esses órgãos só devem ser adotadas se as instituições reguladoras de cada país transformarem os pronunciamentos em normas oficiais por meio de resoluções, deliberações etc.

De 1973 até o início do século XXI, boa parte dos países adotava o FASB como seu modelo de práticas contábeis. Escândalos de empresas que adotavam o FASB, como a ENRON e o Lehman Brothers, abalaram a imagem das normas emitidas pelo órgão e isso abriu espaço enorme para que as normas do concorrente, IASB, pudessem ser apreciadas e adotadas. Desde então, a hegemonia do FASB foi quebrada e a ascensão do IASB ocorreu de forma meteórica, sendo adotado em mais de 130 países.

Mas, afinal, para que adotar um padrão de normas internacionais? O que os países ganham com isso?

A resposta é simples: a globalização permitiu que empresas do mundo todo fizessem negócios entre si; além disso, houve considerável aumento do mercado de capitais e, com isso, foi possível que empresas instalassem filiais em vários continentes – o termo "filiais" não é muito correto, nesse caso, mas sim empresas "controladas" ou "coligadas"; no entanto, manteremos desse modo para facilitar o entendimento. Foi então que os problemas começaram, pois cada país tinha um conjunto de normas contábeis diferente, com base na cultura, na política e nas questões locais. As empresas precisavam apresentar, no país em que estavam instaladas, uma Contabilidade respaldada nas regras locais, além de converter essa Contabilidade para praticamente gerar outra nas regras do país de sua matriz, para que esta pudesse consolidar os demonstrativos contábeis (exigência legal). Isso demandava equipes inteiras para controle e conversão da Contabilidade, dos investimentos em sistemas etc., encarecendo a operação dessas filiais.

No mais, diversas regras e práticas contábeis (era possível ter uma para cada país) não modernizadas, estudadas e aperfeiçoadas podem resultar em relatórios contábeis com menos confiabilidade, e isso encarece o custo de captação de recursos. Como assim? Vamos entender melhor: imagine uma empresa que precisa de um empréstimo de $ 1.000.000 para avançar em suas operações, vai ao banco e o solicita ao gerente. O banco vai analisar os relatórios contábeis para conceder ou não o empréstimo. Se o relatório for produto de uma Contabilidade com critérios e práticas desatualizadas e pouco seguras, o risco para o banco é maior – já que a avaliação de ativos e passivos pode estar distorcida; desse modo, o banco pode até emprestar, mas vai querer receber mais em função do risco, o que se reflete em aumento da taxa de juros cobrada, ou seja, a captação de recursos financeiros pela empresa fica mais cara. O mesmo se aplica caso substituamos, no exemplo, o banco por investidores que comprarão ações dessas empresas.

Por isso, houve um esforço mundial para a convergência de um modelo único dos diversos sistemas de Contabilidade de cada país, sendo escolhido o do IASB.

Desse modo, fica claro o porquê de a conformação ter sido necessária: para que a linguagem dos negócios, em razão da globalização, pudesse ser entendida em todos os lugares.

Outro aspecto da conformação é segregar a Contabilidade dos aspectos fiscais, tornando-a um instrumento útil para todos os usuários da Contabilidade, e não apenas para um (o Fisco). Dessa maneira, é possível garantir um processo de normatização que não seja baseado em leis, decretos e outros atos dos órgãos governamentais, mas sim de um organismo em que estejam presentes as empresas que produzem as informações contábeis e todos os seus partícipes, como os contadores, os auditores, os analistas, os usuários, os investidores, a bolsa de valores e a academia.

1.1.7 *Normas Brasileiras de Contabilidade*

Como mencionamos, a conformação às normas internacionais serve, sobretudo, para que os relatórios contábeis tenham mais qualidade e confiabilidade e que "falem" a mesma linguagem no mundo todo.

No Brasil, foi criado o Comitê de Pronunciamentos Contábeis (CPC), que se assemelha ao IASB, cujo objetivo é, de acordo com a Resolução nº 1.055/2005, o estudo, o preparo e a emissão de documentos técnicos sobre procedimentos de Contabilidade e a divulgação de informações dessa natureza, para permitir a emissão de normas pela entidade reguladora brasileira, visando à centralização e uniformização do seu processo de produção, considerando sempre a convergência da Contabilidade Brasileira aos padrões internacionais.

Suas características básicas são:

- O CPC é totalmente autônomo das entidades representadas, deliberando por 2/3 de seus membros.
- O CFC fornece a estrutura necessária.
- As sete entidades compõem o CPC, mas outras poderão vir a ser convidadas futuramente.
- Os membros do CPC, dois por entidade, na maioria contadores, não auferem remuneração.

As entidades que compõem o Comitê atualmente são:

- Banco Central do Brasil (Bacen);
- Comissão de Valores Mobiliários (CVM);
- Secretaria da Receita Federal do Brasil (RFB);

- Superintendência de Seguros Privados (SUSEP);
- Federação Brasileira de Bancos (FEBRABAN);
- Confederação Nacional da Indústria (CNI); e
- Superintendência Nacional de Previdência Complementar (PREVIC).

É muito importante que os futuros profissionais da Contabilidade conheçam as normas que norteiam a profissão. No *site* do CPC, é possível verificar todos os pronunciamentos emitidos, com os dados informacionais, como a data de aprovação, a data de divulgação, se há revisões (R1, R2, ...) etc.

Além dos pronunciamentos, há também interpretações e documentos de orientação sobre alguns deles.

Cabe lembrar que todo pronunciamento precisa ser referendado e adotado (por meio de resolução, deliberação etc.) pelos órgãos competentes para que tenha adoção obrigatória.

DICA

O *site* do CPC é www.cpc.org.br, e os pronunciamentos podem ser acessados no menu "documentos emitidos – pronunciamentos".

Se preferir consultar a norma aprovada pelo CFC, acesse www.cfc.org.br, menu "legislação – normas brasileiras de contabilidade".

Exemplo: O pronunciamento CPC 01, que trata da Redução ao Valor Recuperável de Ativos, corresponde à Norma NBC TG 01, do CFC, e à Deliberação CVM nº 639/2010. Além desses dois organismos, existem outros, como Bacen, SUSEP, Agência Nacional de Saúde Suplementar (ANS) etc.

Os profissionais da Contabilidade devem sempre se guiar pelo CFC, que é o órgão máximo de registro e fiscalização da profissão contábil. O Quadro 1.4 relaciona as 50 normas emitidas atualmente.

Quadro 1.4 Relação de pronunciamentos contábeis

Documento	Título	Data de aprovação	Data de divulgação
CPC 00	Estrutura Conceitual para Relatório Financeiro	01/11/2019	10/12/2019
CPC 01	Redução ao Valor Recuperável de Ativos	06/08/2010	07/10/2010
CPC 02	Efeitos das Mudanças nas Taxas de Câmbio e Conversão de Demonstrações Contábeis	03/09/2010	07/10/2010
CPC 03	Demonstração dos Fluxos de Caixa	03/09/2010	07/10/2010
CPC 04	Ativo Intangível	05/11/2010	02/12/2010

(continua)

(continuação)

Documento	Título	Data de aprovação	Data de divulgação
CPC 05	Divulgação sobre Partes Relacionadas	03/09/2010	07/10/2010
CPC 06	Arrendamentos	06/10/2017	21/12/2017
CPC 07	Subvenção e Assistência Governamentais	05/11/2010	02/12/2010
CPC 08	Custos de Transação e Prêmios na Emissão de Títulos e Valores Mobiliários	03/12/2010	16/12/2010
CPC 09	Demonstração do Valor Adicionado (DVA)	30/10/2008	12/11/2008
CPC 10	Pagamento Baseado em Ações	03/12/2010	16/12/2010
CPC 11	Contratos de Seguro	05/12/2008	17/12/2008
CPC 12	Ajuste a Valor Presente	05/12/2008	17/12/2008
CPC 13	Adoção Inicial da Lei nº 11.638/2007 e da Medida Provisória nº 449/2008	05/12/2008	17/12/2008
CPC 14	Instrumentos Financeiros: Reconhecimento, Mensuração e Evidenciação (Fase I) – Transformado em OCPC 03	–	–
CPC 15	Combinação de Negócios	03/06/2011	04/08/2011
CPC 16	Estoques	08/05/2009	08/09/2009
CPC 17	Contratos de Construção (revogado a partir de 01/01/2018)	19/10/2012	08/11/2012
CPC 18	Investimento em Coligada, em Controlada e em Empreendimento Controlado em Conjunto	07/12/2012	13/12/2012
CPC 19	Negócios em Conjunto	09/11/2012	23/11/2012
CPC 20	Custos de Empréstimos	02/09/2011	20/10/2011
CPC 21	Demonstração Intermediária	02/09/2011	20/10/2011
CPC 22	Informações por Segmento	26/06/2009	31/07/2009
CPC 23	Políticas Contábeis, Mudança de Estimativa e Retificação de Erro	26/06/2009	16/09/2009
CPC 24	Evento Subsequente	17/07/2009	16/09/2009
CPC 25	Provisões, Passivos Contingentes e Ativos Contingentes	26/06/2009	16/09/2009
CPC 26	Apresentação das Demonstrações Contábeis	02/12/2011	15/12/2011
CPC 27	Ativo Imobilizado	26/06/2009	31/07/2009
CPC 28	Propriedade para Investimento	26/06/2009	31/07/2009
CPC 29	Ativo Biológico e Produto Agrícola	07/08/2009	16/09/2009
CPC 30	Receitas (revogado a partir de 01/01/2018)	19/10/2012	08/11/2012

(continua)

(*continuação*)

Documento	Título	Data de aprovação	Data de divulgação
CPC 31	Ativo Não Circulante Mantido para Venda e Operação Descontinuada	17/07/2009	16/09/2009
CPC 32	Tributos sobre o Lucro	17/07/2009	16/09/2009
CPC 33	Benefícios a Empregados	07/12/2012	13/12/2012
CPC 34	Exploração e Avaliação de Recursos Minerais (não editado)	–	–
CPC 35	Demonstrações Separadas	31/10/2012	08/11/2012
CPC 36	Demonstrações Consolidadas	07/12/2012	20/12/2012
CPC 37	Adoção Inicial das Normas Internacionais de Contabilidade	05/11/2010	02/12/2010
CPC 38	Instrumentos Financeiros: Reconhecimento e Mensuração (revogado a partir de 01/01/2018)	02/10/2009	19/11/2009
CPC 39	Instrumentos Financeiros: Apresentação	02/10/2009	19/11/2009
CPC 40	Instrumentos Financeiros: Evidenciação	01/06/2012	30/08/2012
CPC 41	Resultado por Ação	08/07/2010	06/08/2010
CPC 42	Contabilidade em Economia Hiperinflacionária	07/12/2018	21/12/2018
CPC 43	Adoção Inicial dos Pronunciamentos Técnicos CPCs 15 a 41	03/12/2010	16/12/2010
CPC 44	Demonstrações Combinadas	02/12/2011	02/05/2013
CPC 45	Divulgação de Participações em outras Entidades	07/12/2012	13/12/2012
CPC 46	Mensuração do Valor Justo	07/12/2012	20/12/2012
CPC 47	Receita de Contrato com Cliente	04/11/2016	22/12/2016
CPC 48	Instrumentos Financeiros	04/11/2016	22/12/2016
CPC 49	Contabilização e Relatório Contábil de Planos de Benefícios de Aposentadoria	06/04/2018	18/04/2018
CPC 50	Contratos de Seguro	07/05/2021	06/08/2021
CPC LIQUIDAÇÃO	Entidades em Liquidação	05/03/2021	20/04/2021
CPC PME	Contabilidade para Pequenas e Médias Empresas com Glossário de Termos	08/04/2011	27/04/2011

Fonte: CPC (2022).

1.2 Áreas de atuação da profissão contábil

A profissão contábil oferece muitas oportunidades de atuação e/ou especialização em diversas áreas. Apesar de não se ter ao certo a quantidade de possibilidades de atuação, os estudos já demonstram cerca de 50.

Marion (2022), em seu livro *Contabilidade Empresarial e Gerencial*, apresenta 19 opções de atuação, divididas em quatro áreas:

a) **Na empresa**: as atuações do contador são como contador geral, contador de custos, *controller*, subcontador etc.
b) **Independente (autônomo)**: se a opção for trabalhar por conta própria, poderá desenvolver carreira de auditor independente, consultor, ser proprietário de escritório de Contabilidade, perito contábil.
c) **No ensino**: pode atuar como professor, pesquisador, escritor, conferencista.
d) **Em órgãos públicos**: contador público, fiscal de tributos, oficial contador, tribunal de contas.

A escolha dessas especializações é muito pessoal. Se, por exemplo, você é uma pessoa que prefere estabilidade, atuar na área pública pode ser bastante interessante, pois geralmente os salários são muito bons e a carreira permite evolução e segurança. Contudo, se preferir ter a oportunidade de maiores ganhos, as outras áreas são as recomendadas. Além disso, é possível atuar em várias dessas especializações simultaneamente, como ser empresário contábil e professor, ou professor e consultor, e assim por diante.

A tecnologia está gerando oportunidades de outras atuações para os profissionais da Contabilidade, como a geração de sistemas de avaliação e acompanhamento de gestão, avaliação de resultados, *business intelligence*, integração de informações gerenciais, compreensão e operação de ativos digitais, avaliação de empresas etc. O metaverso também está chegando e poderá trazer novas oportunidades.

Enfim, bem-vindo ao fabuloso mundo da profissão contábil!

Como acessá-lo? Basta que você se mantenha sempre atualizado, acompanhando a evolução das tecnologias e da profissão. Além disso, é importante lembrar que o estudo é uma constante e está apenas começando. Você está preparado?

REFERÊNCIAS

COMITÊ DE PRONUNCIAMENTOS CONTÁBEIS (CPC). Disponível em: www.cpc.org.br. Acesso em: 14 ago. 2023.

IUDÍCIBUS, Sérgio de; RIOS, Ricardo Pereira. *Teoria da contabilidade*. 12. ed. São Paulo: Atlas, 2021.

MARION, José Carlos. *Contabilidade empresarial e gerencial*. Atualização: Ricardo Pereira Rios. 19. ed. São Paulo: Atlas, 2022.

PELEIAS, Ivam Ricardo *et al.* *Didática do ensino da contabilidade*: aplicável a outros cursos superiores. São Paulo: Saraiva, 2006.

SÁ, Antônio Lopes de. *Luca Pacioli*: um mestre do renascimento. Brasília: Fundação Brasileira de Contabilidade, 2004.

SANTOS, Ariovaldo dos *et al.* *Manual de contabilidade societária*: aplicável a todas as sociedades (de acordo com as normas internacionais do CPC). 4. ed. São Paulo: Atlas, 2022.

SCHMIDT, Paulo; SANTOS, José Luiz dos. *História da contabilidade*: foco na evolução das escolas do pensamento contábil. São Paulo: Atlas, 2008.

2 Perfil do Profissional Moderno

Flamingolmages | iStockphoto

INTRODUÇÃO

Até pouco tempo atrás (décadas de 1980, 1990 e 2000), o profissional da Contabilidade era visto, de modo geral, como uma pessoa muito ocupada, que vivia cheia de papéis em sua mesa, não tinha tempo para reuniões, para dedicar-se a estudos e planejamentos mais aprofundados visando ao apoio maior e ao atendimento mais personalizado de seus clientes. Dessa maneira, durante muitos anos esse profissional foi visto como um burocrata, que servia para processar documentos e atender a demandas fiscais e tributárias. Esse cenário já está bastante modificado atualmente e tende ainda a mudar significativamente nas próximas décadas. Neste capítulo, vamos abordar o porquê desse perfil no passado, como está o perfil atual e a projeção para as próximas décadas.

2.1 Perfil do profissional da Contabilidade no Brasil

No Capítulo 1, falamos sobre a evolução da profissão contábil ao longo do tempo. Mas como esse profissional evoluiu? Que fatores moldaram e ainda moldam seu perfil? O que o mercado espera dele?

2.1.1 *Até os anos 2000*

A Contabilidade se desenvolveu ao longo do tempo, em cada país ou região, respeitando a cultura, a política e as questões locais. Isso a fez ter normas diferentes no mundo todo e, por isso, como vimos no Capítulo 1, foi necessária a convergência dessas normas. Por esse processo de desenvolvimento – e não poderia ter sido diferente –, em cada região, determinado tipo de usuário passou a ser mais valorizado ou priorizado do que outros.

Nos países de origem germânica, por exemplo, sempre houve uma predominância muito forte de bancos financiando empresas e, portanto, a Contabilidade nessas regiões privilegiava mais informações que pudessem atender aos banqueiros financiadores que, caracteristicamente, desejavam uma Contabilidade mais conservadora. Já em países de origem anglo-saxônica, as empresas se desenvolveram captando recursos junto ao público em geral, as chamadas "sociedades anônimas" ou "por ações"; portanto, as normas contábeis atendiam prioritariamente a esse público. Em países de origem latina, como o Brasil, as empresas sempre captaram recursos com familiares ou bancos, focando sua Contabilidade em registros para controle próprio e para atender ao Fisco.

No Brasil, desde a década de 1940, o Fisco atua muito fortemente e sempre exigiu que as empresas apresentassem diversas informações no decorrer do ano. Como consequência, os profissionais da Contabilidade sempre tiveram que dedicar muito do seu tempo para, prioritariamente, responder a essas obrigações fiscais. Portanto, criou-se uma cultura de profissionais estritamente burocráticos, que só tinham tempo para cuidar dessas questões.

Vale destacar que a apresentação das informações ao Fisco era feita manualmente. Para entender melhor essa e outras dificuldades do profissional de Contabilidade, é preciso retroceder um pouco, até a década de 1960.

Embora existissem máquinas que faziam o trabalho de maneira mais rápida do que os registros manuais em livros, elas eram muito caras e praticamente inacessíveis para a maioria dos profissionais da Contabilidade. Logo, o que restava a todos era fazer manualmente os registros, e aqui estamos falando de registros em livros fiscais, em livros contábeis, emissões de notas fiscais e assim por diante.

No Brasil, a complexidade tributária sempre foi muito grande. Nessa época do papel, que perdurou até praticamente o final dos anos 1990, havia diversos formulários que tinham que ser preenchidos e entregues para os Fiscos municipal, estadual e federal, as chamadas "declarações" (obrigações acessórias).

O mesmo método era usado para os livros comerciais (por exemplo, Registro de Entradas, Registro de Saídas, Registro de Duplicatas a Pagar, de Duplicatas a Receber, Registro de Serviços Prestados, Registro de Serviços Tomados) e também para os livros contábeis (por exemplo, Livro Diário, Livro Razão, livros auxiliares etc.). Na Figura 2.1, há alguns exemplos desses livros.

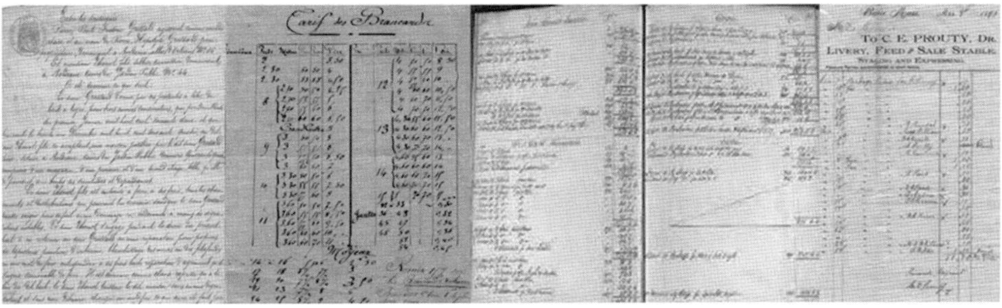

Figura 2.1   Registros em livros mercm ioaantis e contábeis.

Fonte: https://tecteclas.blogspot.com/p/blog-page_13.html. Acesso em: 14 ago. 2023.

Com o tempo, surgiram máquinas de vários tipos e funções. Entre as máquinas de calcular, por exemplo, havia somadores, máquina registradora, máquina de somar e máquina de calcular.

As **máquinas somadoras** ou **somadores** eram tipicamente de escrever e nelas havia uma barra decimal e somadores. Com ela, era possível escrever algarismos realizando somas ou deduções de modo horizontal ou vertical.

As **máquinas registradoras** – ainda vistas por aí – são muito utilizadas no comércio, como supermercados, açougues, lojas, padarias etc.

Entre as **máquinas de somar**, encontravam-se desde as simples máquinas de bolso até as somadoras elétricas capazes de processar cálculos simples, mas com grande quantidade de algarismos, chegando a 999 999 999. As mais conhecidas foram Burroughs, Continental, Dalton e Sundstrand.

As **máquinas de calcular**, que conhecemos bem, são máquinas para realizar qualquer operação aritmética. Hoje, temos muitas, desde as mais simples, compradas em qualquer loja, até as mais sofisticadas, como a Hewllett-Packard (HP), para cálculos financeiros avançados. O modelo mais famoso utilizado ainda hoje é a HP 12C, que, inclusive, já possui emuladores para uso em aplicativos de celular e no computador. No passado, uma das máquinas de calcular mais famosas e desejadas era a Brunsviga, que permitia obter o produto ou escrever um dividendo de até 18 casas (999 999 999 999 999 999).

A **mecanização da Contabilidade** ajudou bastante nas tarefas do dia a dia, embora a operação dessas máquinas continuasse a ser bastante trabalhosa. As operações contábeis mecanizadas foram: a) cálculos; b) faturamento; c) emissão de títulos de crédito; d) lançamentos; e) extração e contas; f) levantamento de balancetes e balanços; e g) organização de quadros.

As **máquinas contábeis** dividiam-se em: a) máquinas de Contabilidade parcial; e b) máquinas de Contabilidade integral. As de Contabilidade parcial eram as máquinas comuns de escrever, somar, calcular; já as de Contabilidade integral eram aquelas que dispensavam o auxílio de outras máquinas, pois possuíam equipamentos, ou seja, um conjunto de máquinas de Contabilidade que realizavam quase todo o trabalho da Contabilidade e que, em conjunto com as máquinas comuns de calcular, escrever e somar, atendiam a todas as necessidades de escritórios e organizações.

As máquinas de Contabilidade mais famosas foram Elliot-Fisher, Remington, Burroughs, National, Powers e Hollerith. A Elliot-Fisher escrevia sobre plano, tinha um aspecto de máquina datilográfica. A Remington também parecia uma máquina datilográfica, contudo, registrava contas por **dever** e **haver** e extraía saldos automaticamente. A Burroughs tinha tipos variados, faturamento, contas-correntes, também com somas e saldos automáticos. A National parecia uma máquina registradora e escrevia simultaneamente em vários livros de Contabilidade, extraía balancetes, somando e deduzindo saldos automaticamente. As máquinas Powers e Hollerith funcionavam com cartões perfurados. A perfuração era o indicador dos elementos de cada operação. Então, no cartão estavam impressos os dez primeiros algarismos, incluindo o zero, dispostos em séries uniformes, no sentido horizontal e em ordem numérica na vertical.

A perfuração, que poderia ser retangular ou circular, eliminava os números que em determinada situação exprimiam dado elemento, obedecendo à codificação estabelecida, o que atribuía o significado. Em resumo, os furos no cartão forneciam o registro dos elementos que representavam (Figura 2.2).

Antes das máquinas, foi criado na Alemanha um método de **Contabilidade por decalque**, que, embora ainda fosse um trabalho manual, já era um avanço em relação ao processo de escrita e possibilitava o registro de várias peças contábeis ao mesmo tempo, usando uma combinação de formulários e carbono.

O processo evoluiu para a chamada "gelatina". Isso mesmo! Cada lançamento era feito por meio de um sistema de carbonos ou fitas copiativas; no fim do período, eram passados por um rolo gelatinoso ou placas gelatinosas e, a seguir, inseridos nos livros definitivos.

Posteriormente, esse processo foi adaptado para as máquinas de escrever, em que se colocava o Diário com carbono copiativo e as fichas eram posicionadas frontalmente; os lançamentos eram, então, datilografados diretamente nas fichas de Razão e registrados no Diário. Para cada lançamento, havia duas fichas, uma para o débito e outra para o crédito. Já os saldos das fichas de Razão eram calculados com uma máquina de somar.

Dois brasileiros, Silvino Barbosa e Edmundo Mario Cavallari, criaram um sistema para registro de lançamentos contábeis que ficou conhecido como "Sistema Ficha Tríplice" e consistia em um método que simplificava os procedimentos de escrituração contábil. Era um formulário, em três vias, com impressão tipográfica diferenciada em cada uma delas. Quando se datilografava, as vias eram preenchidas simultaneamente, utilizando-se papel carbono: a primeira, na cor branca, era destinada aos lançamentos do livro Diário; a segunda, na cor rosa, à conta Débito do livro Razão; e a terceira, na cor amarela, à conta Crédito do livro Razão.

Esse método ajudou e muito a simplificar a vida dos profissionais da Contabilidade. Mas o que acontecia se houvesse um erro? O que fazer? Eis o xis da questão: não havia o que fazer! O trabalho estava perdido e era preciso refazê-lo!

Calma! Para nos salvar, apareceram os computadores pessoais de mesa!

Os computadores já existiam há muito tempo (desde 1945), porém eram máquinas grandes, denominadas *mainframes*, as quais ocupavam um grande espaço físico, com alto custo. Em 1976, a Apple lançou o Apple-II, o primeiro computador pessoal (em inglês, *personal computer* – PC); contudo, foi em 1981 que os PCs invadiram o mercado, com o lançamento do IBM 5150, IBM PC, que era muito mais simples em comparação ao da Apple e podia ser usado por qualquer pessoa.

Sudstrand, Remington e National.

Ruf, aparelho de fichas tríplices, e Underwood-Elliot-Sundstrand.

Burroughs Moon e Mercedes Contábil.

National 2000.

Figura 2.2 Máquinas de Contabilidade.

Fonte: https://tecteclas.blogspot.com/p/blog-page_13.html. Acesso em: 14 ago. 2023.

No Brasil, apenas na década de 1990 os computadores começaram a aparecer em maior escala e ser utilizados por escritórios de Contabilidade, e foi então que surgiram os primeiros *softwares* contábeis. Em 1994, conheceu-se a rede mundial de computadores, a internet. O trabalho do profissional da Contabilidade começou a ficar mais ágil. Bastava fazer os lançamentos no computador, realizar conciliações, ajustes e, ao final do período, a máquina efetuava todos os lançamentos de fechamento, apuração de resultado e geração dos demonstrativos contábeis, livros e relatórios. Um grande avanço. Ah, e se o operador errasse, já podia corrigir o lançamento, bastando editá-lo!

Com o decorrer do tempo, os preços dos computadores ficaram mais acessíveis e os profissionais da Contabilidade passaram a utilizá-los em seu trabalho diário. Assim como a tecnologia, os *softwares* contábeis evoluíram, e começaram a surgir as integrações entre áreas, nas quais a folha de pagamento e a escrituração fiscal eram automaticamente contabilizadas, facilitando mais ainda a vida do profissional.

Contudo, até o início dos anos 2000, os avanços em *softwares* contábeis no Brasil ainda tinham como foco o trabalho operacional (melhoria) e o atendimento às questões fiscais. Sim, porque o Fisco também aprimorou seus processos de fiscalização, aproveitando a evolução da tecnologia. Os *softwares* contábeis precisavam adaptar-se constantemente (até hoje precisam) para dar conta das mudanças nas leis, especialmente a tributária.

O profissional da Contabilidade pôde, então, com a ajuda da tecnologia, dedicar mais tempo a estudos, desenvolvimento pessoal, atendimento direto ao cliente etc.

A tecnologia continuou avançando e outras mudanças ocorreram na profissão contábil após os anos 2000. A seguir, abordaremos os principais pontos, até chegarmos aos tempos atuais.

2.1.2 *De 2000 até os dias atuais*

Foi importante contar uma breve história da evolução dos processos de escrituração contábil para que você possa compreender onde estamos hoje e, sobretudo, verificar que até os anos 2000 o trabalho do profissional da Contabilidade era, em sua maior parte – senão o todo – preocupar-se com o fazer (escriturar) da Contabilidade e, principalmente, com o atender às demandas impostas pelo Fisco brasileiro às empresas (impostos, obrigações acessórias etc.). E isso delineava nosso perfil naquela época.

A partir dos anos 2000, os profissionais da Contabilidade começaram a aderir mais às tecnologias e a utilizá-las em maior escala. Entretanto, permaneciam "presos" ao fazer contábil e, sobretudo, ao atendimento ao Fisco, que intensificou sobremaneira a entrega de obrigações acessórias (declarações) para as empresas.

Em 2006, o Fisco lançou o denominado Sistema Público de Escrituração Digital (Sped), do qual vamos tratar de maneira mais aprofundada nos próximos capítulos, mas que, em resumo, consistia em transportar tudo que as empresas apresentavam ao Fisco em papel (livros) para o meio digital (arquivos transmitidos), desde a emissão de nota fiscal até a Contabilidade completa, com os livros Diário e Razão. O sistema foi dividido em vários subprogramas, implantados pelo Fisco de modo gradual – e esse gradual durou muitos anos: primeiro a nota fiscal eletrônica, depois a escrita fiscal para algumas empresas, a seguir a Contabilidade para mais empresas e, por último, a folha de pagamento completa. Quando surgiu o Sped, a tecnologia no Brasil ainda estava evoluindo de maneira lenta; por exemplo, em várias regiões não havia acesso à internet, então como implantar a nota fiscal eletrônica? Órgãos públicos precisaram se atualizar e se reestruturar do ponto de vista tecnológico. Nos tempos atuais, isso mudou; em 2023, estamos na era do 5G. O Sped está quase 100% implementado, deixando fora de seu alcance apenas as empresas do Simples Nacional (que explicaremos nos próximos capítulos). Os sistemas não são perfeitos e, por vezes, causam muitos problemas (tomam tempo em excesso) aos profissionais da Contabilidade, que são seus verdadeiros usuários, uma vez que são prepostos de seus clientes, as empresas.

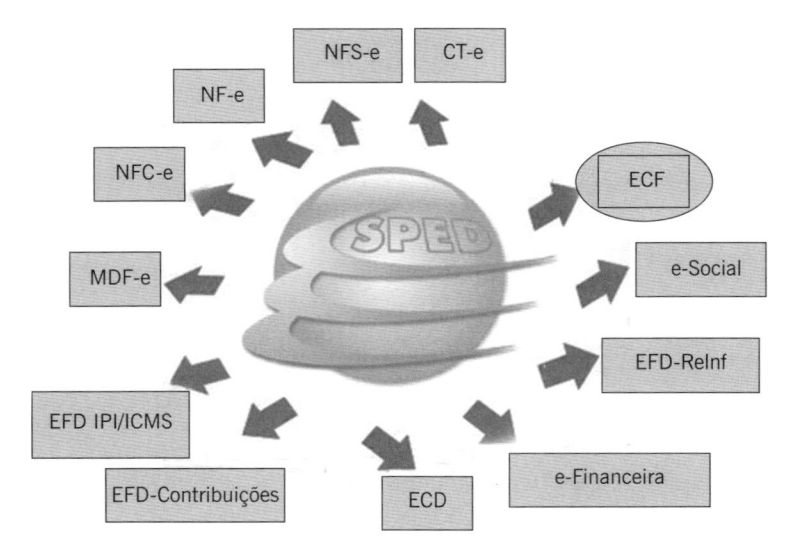

Figura 2.3 Sistema Público de Escrituração Digital.

Fonte: http://www.protonsistemas.com.br/sistema-publico-de-escrituracao-digital-o-que-e-e-para-que-serve. Acesso em: 14 ago. 2023.

Um ponto importante – ao qual precisamos nos ater e que, de certa maneira, já explicamos no Capítulo 1 – é o avanço da **globalização** (econômica), que começou a se intensificar no Brasil a partir dos anos 2000.

Na década de 1990, já havia ocorrido o primeiro salto da globalização no Brasil, pelo qual tivemos acesso a bens de consumo importados, como os computadores, as tecnologias etc., e isso já fez o profissional da Contabilidade se adaptar a essa realidade, implementando as tecnologias para melhorar e agilizar seu trabalho, eminentemente manual.

Em 2007, houve a conformação das normas contábeis brasileiras com as normas internacionais – que é o segundo ponto que precisamos ressaltar, as **normas de Contabilidade**. Os profissionais da Contabilidade no Brasil viram-se diante de uma modificação gigantesca no arcabouço de normas contábeis e mudanças profundas precisaram ser feitas para adotarem-se os mais modernos modelos de práticas contábeis. Essa mudança valorizou sobremaneira os profissionais, que passaram a ter *status* maior nas organizações e eram contratados a "peso de ouro" porque tudo era novo. Quem conhecia e entendia de International Financial Reporting Standards (IFRS)? Poucos, somente os que já trabalhavam em grandes corporações que já convertiam suas demonstrações para esse modelo.

O terceiro ponto de atenção é a **tecnologia**, cujos avanços são impactantes e afetam nossa vida cotidianamente. A profissão contábil também está sendo afetada por esses avanços, puxados por um movimento que está sendo denominado indústria 4.0, conceito que, de acordo com Yanai *et al.* (2017, p. 1), "engloba o desenvolvimento, incorporação

> **DICA**
>
> Se você desejar se inteirar mais sobre a influência da tecnologia na profissão contábil, o GEN | Atlas oferece um supercurso *on-line*, o *Contabilidade 4.0*, apresentado pelos professores Ricardo Pereira Rios e Paulo Eduardo Galvez Jr. Vale a pena conferir!

e aplicação de inovações tecnológicas dos campos de automação, controle e tecnologia da informação, aplicadas aos processos de manufatura". Trata-se de um processo que reúne ferramentas como *cloud computing* (armazenamento em nuvem), internet das coisas (IoT), robôs automatizados, *big data* (grandes bancos de dados) e inteligência artificial (IA). Esse processo vem sendo considerado a 4ª Revolução Industrial, criando fábricas inteligentes para aumentar a competitividade e a produtividade. O mesmo processo também está se expandindo para outras áreas. Na profissão contábil, é crescente, com o surgimento de diversas aplicações que já permitem desde a eliminação de procedimentos, digitações e retrabalho, até o uso mais avançado de ferramentas como o *blockchain* e outras ligadas à IA.

Ainda se utiliza a tecnologia da informação, no Brasil, mais para auxiliar nos trabalhos antes manuais do que para a inteligência de informações, como robôs para eliminação completa de trabalho repetitivo – cenário que já ocorre em outros países –, ferramentas de *business intelligence* (BI) etc.

Verifica-se que os três pontos de atenção apresentados – globalização econômica, normas de Contabilidade e tecnologia da informação – foram e continuam sendo direcionadores de mudança do perfil do profissional da Contabilidade no Brasil.

E o futuro? O que nos reserva?

2.1.3 *Futuro da profissão contábil*

Diante de tantos avanços da tecnologia, muitas pessoas têm se perguntado: então, a profissão contábil vai acabar? Se você fizer uma busca agora no Google, verá que há previsões sombrias para nossa profissão e que, segundo várias fontes, seu fim está próximo.

Entretanto, a resposta para essa clássica pergunta é **sim** e **não**. Como assim? Exatamente! Claro que a profissão contábil não vai, de fato, acabar. Contudo, a maneira como se trabalha com a Contabilidade já está e vai continuar se modificando. O que vai acabar são os processos manuais e repetitivos da Contabilidade, as tarefas de atendimento ao Fisco que, em breve, serão produzidas automaticamente pela IA e pelo próprio Sped; em resumo, as tarefas mais "braçais". Esse perfil de profissional da Contabilidade vai desaparecer em breve. Então, é preciso se preparar para essa mudança. Uma verdadeira virada de chave.

Cada vez mais, o mercado precisa de profissionais preparados para questões mais intelectuais, como planejamento tributário, gestão de custos, estratégias de negócio etc. E esse papel cabe a nós, profissionais da Contabilidade!

Vamos agora falar de estudos sérios que apontam direcionadores do futuro da profissão contábil.

A Association of Chartered Certified Accountants (ACCA) publicou, em 2016, um estudo que trouxe os principais impulsionadores para mudanças na profissão contábil na próxima década. Denominado *Professional accountants – the future: drivers of change and future skills*, esse estudo reflete sobre a economia global, a expansão da tecnologia, em especial da IA e do uso de dados e ferramentas tecnológicas. Dividido em duas seções, apresenta, na primeira, um levantamento dos principais impulsionadores de mudança que terão impacto na profissão e, na segunda, as habilidades requeridas dos profissionais da Contabilidade no futuro.

Os impulsionadores apresentados são:

a) **Regulação e governança**: maior regulação e maior necessidade de governança terão impacto direto sobre a profissão contábil até 2025. Um exemplo é o impacto que haverá na área tributária, na questão intergovernamental, e, consequentemente, para especialistas em impostos. As variações regionais influenciarão a regulamentação e a governança. Os governos terão aumento de receita com a cobrança de impostos indiretos. Nos próximos 5 a 10 anos, os países começarão a cobrar o Relato Integrado (RI), apresentação de informações que vão muito além das demonstrações contábeis e financeiras, abrangendo de maneira integrada toda a organização. Outras questões são trazidas nesse tópico, por exemplo, as "novas empresas", como Facebook, Amazon, Netflix, Google e Uber, que vão exigir respostas governamentais para temas como emprego, entre outros. Assim, haverá mudanças em marcos regulatórios importantes, o que demandará adaptações das organizações e dos profissionais da Contabilidade, e a eles caberá desenvolver competências e habilidades no que se refere não apenas a números, mas também a explicá-los, e oferecer uma visão ampla para que as organizações possam alcançar seus objetivos de curto e de longo prazo. Terão que se envolver mais ainda em questões estratégicas e no apoio à tomada de decisão.

b) **Tecnologias digitais**: o estudo traz a disseminação da tecnologia digital, seus impactos nos negócios, a transformação das práticas contábeis e as exigências de competências que os profissionais terão, o surgimento de *softwares* e sistemas que substituirão o trabalho manual, gerando automatizações complexas.

c) **Globalização contínua**: os profissionais da Contabilidade terão que desenvolver novas habilidades para compreender e acomodar diferenças emergentes em práticas de negócios, geografias, papéis, responsabilidades e regulações; desenvolver os conhecimentos técnicos e éticos necessários; e demonstrar comportamentos e habilidades interpessoais.

A conformação das normas de Contabilidade deverá aumentar e demandar equipes multinacionais e culturalmente diversas, que deverão ser multilíngues, compreender os diferentes países e culturas e ter habilidades interpessoais para participar e gerenciar equipes. Isso se tornará tão importante como ter habilidades técnicas e será observado nas decisões sobre recrutamento e seleção.

E quais competências são necessárias para tornar-se um profissional preparado para atuar nesse mercado?

Vamos analisar estudos que buscam identificar essas competências e habilidades.

O American Institute of Certified Public Accountants (AICPA) divulgou, em 2018, um estudo denominado *A pré-certificação AICPA: estrutura central de competência*, que apresenta um *framework* desenvolvido por educadores e profissionais de Contabilidade visando definir um conjunto de competências com base em habilidades que os estudantes de Contabilidade precisam adquirir.

São três os pilares apresentados na estrutura:

1. **Competências contábeis**: agregam valor aos negócios e contribuem para uma sociedade próspera.
2. **Competências de negócios**: envolvem um amplo ambiente de negócios no qual os profissionais da Contabilidade atuam.
3. **Competências profissionais**: relacionam-se às habilidades, às atitudes e ao comportamento dos profissionais da Contabilidade.

O Quadro 2.1 apresenta um detalhamento dessas competências.

Quadro 2.1 *The AICPA Pre-certification Core Competency Framework*

Competências contábeis	Avaliação, análise e gestão de risco
	Análise e interpretação de mensurações
	Reporte
	Pesquisa
	Gestão de sistema e processo
	Tecnologia e ferramentas
Competências de negócios	Perspectivas estratégicas
	Perspectivas globais e da indústria
	Gestão de processos e pesquisa
	Perspectivas de governança
	Perspectiva do cliente
Competências profissionais	Conduta ética
	Comportamento profissional
	Tomada de decisão
	Colaboração
	Liderança
	Comunicação
	Gerenciamento de projetos

Fonte: AICPA (2018).

O estudo da ACCA, identificando direcionadores de mudança na profissão para a próxima década, como já comentado, revisou as competências e habilidades necessárias ao profissional da Contabilidade, classificando-as em sete tipos (Quadro 2.2).

Quadro 2.2 Competências e habilidades necessárias ao profissional da Contabilidade para as próximas décadas

Habilidades	Descrição
Habilidades técnicas e éticas	Habilidades para realizar atividades de modo consistente para um padrão definido, mantendo os mais altos níveis de integridade, independência e ceticismo
Inteligência	Capacidade de adquirir e usar o conhecimento: pensamento, raciocínio e resolução de problemas
Criatividade	Capacidade de usar o conhecimento existente em uma nova situação, para fazer conexões, explorar potenciais resultados e gerar novas ideias
Digital	Conhecimento e aplicação das tecnologias digitais existentes e emergentes
Inteligência emocional	Capacidade de identificar suas próprias emoções e as dos outros, aproveitá-las e aplicá-las às tarefas, gerenciando-as e controlando-as
Visão	Capacidade de antecipar tendências futuras com precisão, extrapolando tendências e fatos existentes e preenchendo lacunas, pensando de maneira inovadora
Experiência	Capacidade e habilidades para entender as expectativas do cliente, atingir os resultados desejados e criar valor

Fonte: Elaborado pelos autores com base em ACCA (2016).

Os estudos apresentados pelo AICPA e pela ACCA são convergentes quase na totalidade dos pontos apresentados, diagnosticando a tendência do novo perfil do profissional da Contabilidade.

O International Accounting Education Standards Board (IAESB) emitiu pronunciamentos estabelecendo padrões internacionais de educação. Os pronunciamentos foram compilados em uma publicação denominada *Handbook of international education pronouncements*, que se tornou um verdadeiro manual, com o objetivo de apresentar princípios, conceitos e definições subjacentes que aprimoram a educação em Contabilidade.

O Manual está organizado em:

* estrutura para padrões de educação internacional para contadores profissionais atuais e aspirantes;
* glossário de termos da IAESB; e

- pronunciamentos: a) IES 1: Requisitos de entrada para programas de educação profissional em Contabilidade; b) IES 2: Desenvolvimento profissional inicial – competência técnica; c) IES 3: Desenvolvimento profissional inicial – competências profissionais; d) IES 4: Desenvolvimento profissional inicial – valores profissionais, ética e atitudes; e) IES 5: Desenvolvimento profissional inicial – experiência prática; f) IES 6: Desenvolvimento profissional inicial – avaliação das competências profissionais; g) IES 7: Desenvolvimento profissional contínuo; e h) IES 8: Competência profissional para responsáveis por auditorias de demonstrações financeiras.

O IAESB aponta as áreas de competência do profissional da Contabilidade exigidas por uma sólida formação profissional. Portanto, é um guia para instituições de ensino superior. É importante que o profissional recém-formado ou em formação saiba quais são essas recomendações. Cabe destacar os pronunciamentos IES 2, IES 3 e IES 4, os quais apresentam áreas de competências denominadas: a) técnicas; b) habilidades profissionais; e c) valores profissionais, ética e atitudes (Quadro 2.3).

Quadro 2.3 Áreas de competências e resultados de aprendizagem IAESB

Competências técnicas (IES 2)	
Área	**Resultados de aprendizagem esperados**
Contabilidade financeira e relatórios	(i) Aplicar os princípios contábeis às transações e outros eventos. (ii) Aplicar as IFRSs ou outras normas relevantes para transações e outros eventos. (iii) Avaliar a adequação das políticas contábeis utilizadas para preparar as demonstrações financeiras. (iv) Preparar demonstrações financeiras, incluindo demonstrações financeiras consolidadas de acordo com as IFRSs ou outros padrões. (v) Interpretar as demonstrações financeiras e divulgações afins. (vi) Interpretar relatórios que incluem dados não financeiros, como relatos integrados e relatórios de sustentabilidade.
Gestão e Contabilidade	(i) Aplicar técnicas para apoiar a gestão na tomada de decisão, incluindo custo do produto, análise de variância, gerenciamento de inventário e orçamento e previsão. (ii) Aplicar técnicas quantitativas adequadas para analisar o comportamento dos custos e os motivadores de custos. (iii) Analisar dados financeiros e não financeiros para fornecer informações relevantes para a tomada de decisão da gestão. (iv) Preparar relatórios para apoiar a gestão na tomada de decisão, incluindo relatórios que foquem em planejamento e orçamento, custo e gestão, controle de qualidade, medição de desempenho e *benchmarking*. (v) Avaliar o desempenho dos produtos e segmentos de negócios.

(continua)

(continuação)

Competências técnicas (IES 2)	
Área	**Resultados de aprendizagem esperados**
Financeiro e gestão financeira	(i) Comparar as várias fontes de financiamento disponíveis para uma organização, incluindo banco de financiamento, instrumentos financeiros e títulos, mercados de ações e tesouraria. (ii) Analisar o fluxo de caixa de uma organização e necessidades de capital de giro. (iii) Analisar a posição das finanças atuais e futuras de uma organização, usando técnicas incluindo análise de proporção, análise de tendência e análise de fluxo de caixa. (iv) Avaliar a adequação dos componentes usados para calcular um custo de capital da organização. (v) Aplicar técnicas de orçamento de capital na avaliação das decisões de investimento de capital. (vi) Explicar renda, com base em ativos e mercado, abordagens de avaliação usadas para investimentos e decisões, planejamento de negócios e gestão financeira de longo prazo.
Tributação	(i) Explicar o cumprimento da tributação nacional e requisitos de arquivamento. (ii) Preparar cálculos de impostos diretos e indiretos para indivíduos e organizações. (iii) Analisar as questões fiscais associadas com transações internacionais não complexas. (iv) Explicar as diferenças entre planejamento tributário e evasão fiscal.
Auditoria e asseguração	(i) Descrever os objetivos e as etapas envolvidas na realização de uma auditoria das demonstrações financeiras. (ii) Aplicar padrões de auditoria relevantes e as leis aplicáveis e os regulamentos a uma auditoria das demonstrações financeiras. (iii) Avaliar os riscos de distorção relevante nas demonstrações financeiras e considerar o impacto na estratégia de auditoria. (iv) Aplicar métodos quantitativos que são usados em trabalhos de auditoria. (v) Explicar os principais elementos de garantia, compromissos e normas aplicáveis que são relevantes.
Governança, gerenciamento de risco e controle interno	(i) Explicar os princípios de boa governança, incluindo os direitos e as responsabilidades de proprietários, investidores e os relacionados com governança; e explicar o papel das partes interessadas na governança, divulgação e requisitos de transparência. (ii) Analisar os componentes da estrutura de governança de uma organização. (iii) Analisar os riscos e as oportunidades de uma organização, usando uma estrutura de gestão de risco. (iv) Analisar os componentes do controle interno relacionados aos relatórios financeiros.
Leis e regulação de negócios	(i) Explicar as leis e os regulamentos que regem as diferentes formas de entidades jurídicas. (ii) Explicar as leis e os regulamentos aplicáveis ao ambiente no qual o profissional da Contabilidade opera.
Tecnologia da informação	(i) Analisar a adequação de controle e de informações gerais de tecnologia, bem como a aplicação de controles relevantes. (ii) Explicar como a tecnologia da informação contribui para a análise de dados e a tomada de decisão. (iii) Usar a tecnologia da informação para apoiar a tomada de decisão, por meio de análises de negócios.

(continua)

(continuação)

Competências técnicas (IES 2)	
Área	**Resultados de aprendizagem esperados**
Negócios e ambiente organizacional	(i) Descrever o ambiente em que uma organização opera, incluindo economia primária, aspectos legais, políticos, sociais, tecnológicos e culturais. (ii) Analisar aspectos do meio ambiente global que afetam o comércio e as finanças internacionais.
Economia	(i) Descrever os princípios fundamentais de microeconomia e macroeconomia. (ii) Descrever o efeito das mudanças em indicadores macroeconômicos sobre os negócios e a atividade. (iii) Explicar os diferentes tipos de estrutura de mercado, incluindo competição perfeita, competição monopolística, monopólio e oligopólio.
Estratégia de negócios e gestão	(i) Explicar as várias maneiras em que as organizações podem ser projetadas e estruturadas. (ii) Explicar o propósito e a importância de diferentes tipos de funções e áreas operacionais dentro das organizações. (iii) Analisar os fatores externos e internos que podem influenciar a estratégia de uma organização. (iv) Explicar os processos que podem ser usados para implementar a estratégia de uma organização. (v) Explicar como as teorias de comportamento organizacional podem ser usadas para melhorar o desempenho do indivíduo, das equipes e da organização.

Habilidades profissionais (IES 3)	
Área	**Resultados de aprendizagem esperados**
Intelectual	(i) Avaliar as informações de uma variedade de fontes e perspectivas por meio de pesquisa, análise e integrações. (ii) Aplicar julgamento profissional, incluindo a identificação e a avaliação de alternativas para chegar a conclusões bem fundamentadas com base em todos os fatos e circunstâncias relevantes. (iii) Identificar quando é apropriado consultar especialistas para chegar a conclusões e resolver problemas. (iv) Aplicar raciocínio, análise crítica e inovação para resolver problemas. (v) Responder de modo eficaz às mudanças nas circunstâncias ou novas informações para resolver problemas, informar julgamentos, tomar decisões e chegar a conclusões bem fundamentadas.
Interpessoal e comunicação	(i) Mostrar cooperação e trabalho em equipe para atingir metas organizacionais. (ii) Comunicar-se de maneira clara e concisa quando apresentar, discutir, relatar, tanto de modo formal como em situações informais, por escrito e/ou oralmente. (iii) Demonstrar consciência das diferenças culturais e linguísticas em todas as comunicações. (iv) Aplicar escuta ativa e entrevistas técnicas eficazes. (v) Aplicar habilidades de negociação para chegar a soluções e acordos. (vi) Aplicar habilidades consultivas para minimizar ou resolver conflitos, resolver problemas e maximizar oportunidades.

(continua)

(continuação)

Habilidades profissionais (IES 3)	
Área	**Resultados de aprendizagem esperados**
Pessoal	(i) Demonstrar compromisso com a aprendizagem ao longo da vida. (ii) Aplicar ceticismo profissional por meio de questionamentos e avaliar criticamente todas as informações. (iii) Definir altos padrões pessoais de entrega e monitorar desempenho pessoal, por meio do *feedback* de outros e da reflexão. (iv) Gerenciar tempo e recursos para atingir compromissos profissionais. (v) Antecipar desafios e planejar soluções potenciais. (vi) Ter mente aberta para novas oportunidades.
Organizacional	(i) Realizar atribuições de acordo com práticas estabelecidas para cumprir prazos prescritos. (ii) Rever o próprio trabalho e o de outros para determinar se está em conformidade com a qualidade dos padrões organizacionais. (iii) Aplicar habilidades de gestão de pessoas para motivar e desenvolver os outros. (iv) Aplicar habilidades de delegação para entregar atribuições. (v) Aplicar habilidades de liderança para influenciar outros a trabalhar em direção às metas organizacionais. (vi) Aplicar ferramentas e tecnologias adequadas para aumentar eficiência e eficácia e melhorar a tomada de decisão.
Valores profissionais, ética e atitudes (IES 4)	
Área	**Resultados de aprendizagem esperados**
Princípios éticos	(i) Explicar a natureza da ética. (ii) Explicar vantagens e desvantagens de abordagens com base em regras e em princípios da ética. (iii) Identificar questões éticas e determinar quando aplicar princípios éticos. (iv) Analisar cursos de ação alternativos e determinar as consequências éticas deles. (v) Aplicar os princípios éticos fundamentais de integridade, objetividade, competência profissional e devido cuidado, confidencialidade, comportamento profissional aos dilemas éticos para determinar uma abordagem apropriada. (vi) Aplicar os requisitos éticos relevantes para um comportamento profissional em conformidade com os padrões.
Compromisso com o interesse público	(i) Explicar o papel da ética na profissão e em relação ao conceito de responsabilidade social. (ii) Explicar o papel da ética em relação a negócios e boa governança. (iii) Analisar a inter-relação entre a ética e a lei, incluindo a relação entre as leis, regulamentos e o interesse público. (iv) Analisar as consequências da falta de comportamento ético para o indivíduo, a profissão e o público.

Fonte: Elaborado pelos autores com base nos pronunciamentos IES 2, IES 3 e IES 4 (International Federation of Accountants, 2019).

Esses são os padrões de educação para os profissionais da Contabilidade emitidos pelo IAESB, frutos de profundos estudos das tendências de mercado, de negócios, mudanças econômicas e tecnológicas.

Para fecharmos essa análise sobre as tendências da profissão contábil para o seu futuro, vamos ver o que o mercado já demanda e se está convergindo com esses estudos e recomendações.

Uma das maiores empresas de recrutamento e seleção do mundo, a Robert Half, publica anualmente o Guia Salarial. A Robert Half brasileira publicou o *Guia salarial 2021: remuneração e tendências de recrutamento*. Na área de Finanças e Contabilidade, há destaque para as habilidades em tecnologia.

> Há alguns anos, a digitalização da área financeira vem sendo vista como importante diferencial para as empresas. Hoje, como consequência dos últimos acontecimentos, a adoção de soluções tecnológicas deixa de ser diferencial e passa a ser obrigação. Com foco na redução de erros e agilidade na tomada de decisões, **os profissionais de Finanças e Contabilidade devem gastar menos tempo na operacionalização de informações e mais em análises estratégicas**. Logo, as habilidades com ferramentas e ERPs In Cloud e de comunicação *on-line* fazem parte do pacote de *tech skills* desejado para as funções nessa área (ROBERT HALF, 2021, p. 19 – grifo nosso).

A empresa apresenta ainda as habilidades mais demandadas pelo mercado brasileiro na área contábil. Entre as técnicas, estão: inglês fluente, tecnologia, modelagem financeira, reestruturação de dívidas e gestão de custos, controle de riscos e planejamento tributário. Entre as comportamentais: flexibilidade, resiliência, relacionamento, *hands on* e senso de dono. Além disso, destaca:

> A tendência é de que as empresas passem a dar muito mais ênfase à estratégia a ser adotada, em detrimento ao operacional. Nesse cenário a figura do CFO ou diretor financeiro ganhará muito mais destaque. O mercado necessitará de profissionais que tenham experiência em **enfrentar problemas complexos e grande capacidade de análise de informação. Além do papel essencial no direcionamento e mentoria da equipe, a habilidade de fazer leitura mais abrangente de negócio e tomar as decisões difíceis relacionadas aos recursos financeiros será mais avaliada e fará toda a diferença para o sucesso das empresas** (ROBERT HALF, 2021, p. 20 – grifo nosso).

DICA

Aprofunde-se nesses estudos para que você possa se preparar para o que o mercado deseja na área contábil. O Guia Robert Half pode ser acessado com facilidade no *site* www.roberthalf.com.br/guia-salarial

Basta preencher um simples cadastro e acessar todo o estudo. Lá você encontrará tendências nacionais, benefícios, modelos de trabalho e valores de remuneração por função. Existem várias empresas recrutadoras e vale a pena ficar antenado!

Os grifos nos textos transcritos é para evidenciar a plena identificação do perfil desejado pelo mercado brasileiro com o apontado nos estudos do AICPA e da ACCA.

Atualizando o estudo, o *Guia salarial de 2022* apontou as habilidades mais demandadas em Contabilidade. Entre as técnicas, estão: automatização de processos, Excel e BI, modelagem financeira e *valuation* e ERP de mercado. Entre as comportamentais: flexibilidade, adaptabilidade, dinamismo, resiliência e comunicação. Já o Guia publicado em 2023 apontou as mesmas habilidades demandadas para a área contábil, acrescentando, nas técnicas, o idioma inglês.

Nota-se que tantos os estudos para o futuro quanto o mercado atual buscam profissionais da Contabilidade com um perfil muito diferente daquele observado no início dos anos 2000, o qual já apresentamos, e de certa maneira mais arrojado e com mais competências e habilidades do que o dos tempos atuais.

E você, está preparado para esse mercado? Pronto para os desafios e as oportunidades da profissão contábil? A proposta deste Manual é justamente dar luz aos principais departamentos de atuação da Contabilidade em escritórios e em empresas, trazendo o que há de mais moderno em tecnologia para que você possa conhecer e saber como atuar nessas áreas. Você descobrirá que a profissão contábil **não** vai acabar e pode lhe trazer grandes realizações e conquistas!

REFERÊNCIAS

AMERICAN INSTITUTE OF CERTIFIED PUBLIC ACCOUNTANTS (AICPA). *The AICPA pre-certification core competency framework*. Carolina do Norte: AICPA, 2018. Disponível em: https://us.aicpa.org/content/dam/aicpa/interestareas/accountingeducation/resources/downloadabledocuments/aicpa-pre-certification-core-compentency-framework.pdf. Acesso em: 14 jun. 2023.

ASSOCIATION OF CHARTERED CERTIFIED ACCOUNTANTS (ACCA). *Professional accountants – the future:* drivers of change and future skills. Londres: ACCA, 2016. Disponível em: www.accaglobal.com/content/dam/members-beta/images/campaigns/pa-tf/pi-professional-accountants-the-future.pdf. Acesso em: 10 maio 2023.

D'AURIA, Francisco. *Contabilidade mecanizada*. 12. ed. São Paulo: Companhia Editora Nacional, 1960. v. 1.

ROBERT HALF. *Guia salarial 2021*: remuneração e tendências de recrutamento – Brasil. Disponível em: https://www.roberthalf.com.br/guia-salarial. Acesso em: https://www.roberthalf.com.br/blog/salario/guia-salarial-2021-da-robert-half-ja-esta-disponivel. Acesso em: 10 maio 2023.

ROBERT HALF. *Guia salarial 2022*: remuneração e tendências de recrutamento – Brasil. Disponível em: https://www.roberthalf.com.br/guia-salarial. Acesso em: https://www.roberthalf.com.br/sites/roberthalf.com.br/files/documents/robert-half-guia-salarial-2022-tabelas-pt-0422_1.pdf. Acesso em: 10 maio 2023.

ROBERT HALF. *Guia salarial 2023*: remuneração e tendências de recrutamento – Brasil. Disponível em: https://www.roberthalf.com.br/guia-salarial. Acesso em: 10 maio 2023.

INTERNATIONAL FEDERATION OF ACCOUNTANTS (IFAC). *Handbook of international education pronouncements*. Nova Iorque: IFAC, 2019. Disponível em: https://www.ifac.org/system/files/publications/files/Handbook-of-International-Education-Standards-2019.pdf. Acesso em: 10 maio 2023.

PROTON SISTEMAS. *Sistema Público de Escrituração Digital*: o que é e para que serve? 2019. Disponível em: http://www.protonsistemas.com.br/sistema-publico-de-escrituracao-digital-o-que-e-e-para-que-serve. Acesso em: 10 maio 2023.

TECTECLAS. *Registros e contábeis*. 2019. Disponível em: https://tecteclas.blogspot.com/p/blog-page_13.html. Acesso em: 10 maio 2023.

YANAI, A. E. *et al*. O desenvolvimento da indústria 4.0: um estudo bibliométrico. *In*: Encontro Nacional de Engenharia da Produção (ENEGEP), Santa Catarina, out. 2017. Disponível em: https://www.researchgate.net/publication/326522412_O_desenvolvimento_da_industria_40_um_estudo_bibliometrico. Acesso em: 10 maio 2023.

nespix | iStockphoto

PARTE II

DEPARTAMENTOS

Após passarmos por um breve histórico sobre a evolução da profissão contábil e o perfil para o profissional moderno da Contabilidade, vamos conhecer os departamentos de atuação em empresas ou escritórios de Contabilidade. Claro que existem outras funções e possibilidades de atuação, mas não seria possível colocar todas em um livro só. Então, selecionamos os principais departamentos e apresentamos um guia das atividades de cada um deles e de como estão se modificando em função da tecnologia da informação.

Nesta segunda parte, abordaremos o departamento de legalização, o departamento fiscal, o departamento pessoal, o departamento financeiro e o departamento contábil.

3 Departamento de Legalização

Chalirmpoj Pimpisarn | iStockphoto

INTRODUÇÃO

O departamento de legalização é o responsável pela formalização jurídica das empresas junto aos órgãos governamentais competentes. Dificilmente as empresas contam com um departamento interno para cuidar dessas questões, salvo se tiverem um departamento jurídico que possa realizá-las, mas, de modo geral, são as organizações contábeis que oferecem em sua estrutura esse departamento e atendem a essas demandas de seus clientes. Entre suas principais funções estão a abertura de empresas, a elaboração e o registro das alterações contratuais ou estatutárias (explicaremos a diferença mais adiante), o registro do encerramento das empresas, a elaboração e o registro de atas, o cadastro junto à Receita Federal, aos Estados e aos Municípios etc. Ao longo deste capítulo, vamos explorar essas atividades e conhecer seu fluxo de informação.

3.1 Início de um negócio ou empreendimento

É direito de todo cidadão querer tornar-se um empresário, explorar um negócio e obter lucros. Isso pode ser feito de modo individual ou em sociedade com outra(s) pessoa(s). Ao tomar essa decisão, é preciso compreender que ser empresário no Brasil é um desafio e tanto, devido à burocracia existente no dia a dia para as empresas.

Em primeiro lugar, é preciso oficializar essa empresa, registrá-la em órgãos governamentais competentes e obter licença para funcionamento. Essas são as primeiras burocracias a serem atendidas no início de um novo empreendimento.

O Código Civil Brasileiro, Lei n° 10.406/2002, é quem dita as regras de negócios no Brasil; por isso, é muito importante você conhecê-lo bem. O artigo 104 dispõe que, para ser válido, um negócio jurídico precisa ter:

> I – agente capaz;
> II – objeto lícito, possível, determinado ou determinável;
> III – forma prescrita ou não defesa em lei.

Portanto, para ser empresário é preciso ser maior de idade, estar no pleno juízo de suas faculdades mentais, ter como objeto (atividade) um negócio lícito e manifestar seu desejo (vontade) pelo negócio.

Dependendo da atividade escolhida, a burocracia pode ser maior. Se o interesse for abrir uma indústria, por exemplo, certamente serão requeridas licenças ambientais. Já para uma prestadora de serviços ou para um comércio, o procedimento pode ser mais simples.

Uma vez escolhida a atividade a ser desenvolvida, é preciso determinar que tipo societário a empresa terá.

3.1.1 *Tipos societários*

São vários os tipos societários instituídos pelo Código Civil Brasileiro. Entende-se por tipos societários a forma e os objetivos com os quais as sociedades são constituídas, conforme apresentado no Quadro 3.1.

Quadro 3.1 Tipos societários

Na categoria individual (uma pessoa)	• Microempreendedor individual (MEI) • Empresário individual • Sociedade limitada unipessoal
As sociedades (dois ou mais sócios)	• Sociedade limitada • Sociedade anônima • Sociedade em conta de participação • Sociedade em comandita simples • Sociedade em nome coletivo • Sociedade simples

Como se pode notar, são muitas as opções para a constituição de uma empresa, porém muitas delas não são utilizadas. As mais comuns são: o MEI; as sociedades anônimas; as sociedades limitadas; as sociedades simples; e a sociedade limitada unipessoal.

Vamos entender cada uma delas:

- **Sociedade em nome coletivo**: sociedade de que somente pessoas físicas podem fazer parte, respondendo de forma solidária e ilimitada pelas obrigações sociais. Trata-se de um tipo pouco utilizado justamente porque os sócios respondem com seus bens pessoais (ilimitadamente), na ausência de bens da empresa, para pagamento de obrigações e dívidas.

- **Sociedade em comandita simples**: nessa modalidade, os sócios são divididos em duas categorias: os sócios comanditados, que respondem de forma ilimitada pelas obrigações sociais da empresa; e os sócios comanditários, que respondem até o limite de sua participação no capital social (valor da sua quota).

- **Sociedade em conta de participação**: dois ou mais sócios se unem para a realização de um empreendimento específico, que não possui personalidade jurídica própria, e um dos sócios, denominado sócio ostensivo, adquire essa personalidade para conduzir os negócios.

- **Sociedade limitada**: um dos tipos mais comuns, em que uma ou mais pessoas constituem uma empresa, sendo a responsabilidade de cada uma delas limitada ao valor de suas quotas de capital. Se for individual, denomina-se "sociedade limitada unipessoal".

- **Sociedade anônima**: é a sociedade em que o capital é dividido em ações e os acionistas respondem de forma limitada ao valor de emissão das ações que subscreveram ou adquiriram. Diferentemente do que ocorre nas demais sociedades, o instrumento que rege a sociedade anônima não se denomina "Contrato Social", mas sim "Estatuto Social". Existem dois tipos de sociedade anônima: as de capital aberto e as de capital fechado. As de capital aberto são aquelas cujas ações são negociadas em bolsa de valores e podem ser adquiridas pelo público em geral. Já as de capital fechado são aquelas cujas ações ficam restritas a um grupo privado de acionistas e não são negociadas no mercado de ações. As sociedades anônimas são mais complexas e têm diversas exigências legais. Essa modalidade de sociedade é regida pela Lei n° 6.404/1976, conhecida como "Lei das Sociedades por Ações (Lei das S.A.)".

- **Sociedade simples**: é a sociedade constituída por pessoas que contribuem com bens e serviços para o exercício de uma atividade econômica. Não pode desenvolver atividade comercial, apenas de prestação de serviços. Geralmente, são formadas por pessoas que têm profissão intelectual, de natureza científica, literária ou artística, podendo contar com poucos colaboradores. Portanto, caracteriza-se pela prestação de serviços dos próprios sócios, por exemplo, médicos, contadores, advogados etc. Seu registro é efetuado no Cartório de Registro Civil das Pessoas Jurídicas, enquanto as demais sociedades são registradas nas Juntas Comerciais de cada Estado.

- **Empresário individual**: constituído por uma pessoa só, é o tipo empresarial que tem responsabilidade ilimitada, ou seja, em havendo problemas futuros com o negócio, poderá vir a responder com seus bens particulares. Por isso, criou-se a sociedade limitada unipessoal, por meio da Lei n° 13.874/2019, cujo diferencial é que garante ao indivíduo a responsabilidade limitada ao valor do capital, segregando, dessa maneira, seus bens pessoais.

- **Microempreendedor individual (MEI)**: foi criado em 2006, com a intenção de retirar da informalidade milhares de pessoas que desenvolviam algum tipo de atividade, mas que não se formalizavam, principalmente por razões financeiras. Nesse sistema bastante simplificado, a pessoa interessada faz seu cadastro no portal do empreendedor (www.protaldoempreendedor.gov.br) e já recebe um número de Cadastro Nacional de Pessoa Jurídica (CNPJ). Contudo, é um sistema bastante limitado, destinado a pessoas que ainda não possuem uma estrutura para tornar-se uma empresa. A primeira limitação é o

> **DICA**
>
> Por Lei, o MEI poderá ter atendimento gratuito de profissional da Contabilidade para sua constituição e primeira declaração anual. Contudo, se precisar de outros serviços deverá pagar pelos honorários do profissional.

faturamento: o MEI pode faturar somente até R$ 81.000,00 por ano ou R$ 6.750,00 por mês. Outra limitação é que o MEI pode ter, no máximo, um funcionário, e este só pode receber salário mínimo ou o piso da categoria. Com relação ao pagamento de impostos, a grande vantagem é que são fixos e bem baixos: para MEIs com atividade comercial, o valor fixo a ser pago mensalmente é de 5% do valor do salário mínimo vigente + R$ 1 de ICMS; já para os prestadores de serviços, o valor é de 5% do salário mínimo + R$ 5 de ISS. Se o MEI desenvolver ambas as atividades, basta somar os valores de ICMS e ISS. Contudo, nem todas as atividades podem ser MEI. Então, é preciso checar no portal do empreendedor as atividades permitidas.

3.1.2 Documentos e demais procedimentos

Existem alguns cuidados e providências que devem ser observados antes de abrir-se uma empresa.

O nome ou a razão social, por exemplo, precisa ser verificado na Junta Comercial, com o intuito de averiguar se já existe igual ou similar. Se já existir, é necessário substituí-lo, para que o processo de registro não seja devolvido pela Junta Comercial com esse impeditivo.

Além disso, recomenda-se também a consulta ao Instituto Nacional de Propriedade Industrial, o INPI, para verificar se o nome já foi registrado como uma marca. Havendo registro no INPI, não é recomendada a utilização do nome, mesmo que não haja similaridade na pesquisa na Junta Comercial, pois no futuro a empresa poderá ser notificada pela proprietária da marca para que deixe de usá-la e, caso isso aconteça e a empresa já esteja em atividade há algum tempo, essa substituição poderá causar muitos transtornos, sendo necessário trocar todos os documentos em que constem o nome, o que causará grande confusão diante de clientes, fornecedores etc.

Outro ponto importante é o local onde será estabelecida a empresa. Em determinados locais, não se pode instalar certos tipos de atividade, por várias razões, como zoneamento, risco para vizinhança, questões ambientais, sanitárias etc. Por essa razão, é preciso verificar previamente junto à prefeitura se é possível a instalação. Esse processo é chamado de "consulta de viabilidade".

Os documentos em que constam as regras da sociedade são: o Contrato Social, para as sociedades; o requerimento de empresário individual; ou o Estatuto Social, no caso das sociedades anônimas e entidades sem fins lucrativos, como associações, clubes etc. Essas regras são combinadas entre os sócios, sendo algumas obrigatórias pelo Código Civil Brasileiro, como administração, prestação de contas etc.

Para registro das empresas, é preciso passar por diversos órgãos:

- **Juntas Comerciais**: órgãos estaduais nos quais são registradas todas as sociedades empresárias. Quando o processo é deferido, a empresa obtém um número de cadastro denominado "Número de Inscrição e Registro no Estado (NIRE)".
- **Cartório de Registro das Pessoas Jurídicas**: órgão no qual são registradas as sociedades simples.
- **Receita Federal do Brasil**: órgão federal no qual as empresas são inscritas e obtêm o CNPJ.
- **Secretaria da Fazenda do Estado**: órgão estadual no qual o contribuinte que comercializar produtos sujeitos ao Imposto sobre Circulação de Mercadorias e Serviços (ICMS) obtém sua "Inscrição Estadual", necessária para que posso realizar seus negócios.
- **Prefeitura Municipal**: órgão municipal no qual se obtém a "Inscrição Municipal".

Além do registro nesses órgãos, dependendo da(s) atividade(s) da empresa, haverá necessidade da obtenção de alvarás e licenças, por exemplo, da Vigilância Sanitária, do Corpo de Bombeiros, da Companhia Ambiental do Estado de São Paulo (CETESB) etc.

Para as empresas registradas nas Juntas Comerciais, o processo já é sincronizado, por meio da Rede Nacional para a Simplificação do Registro e da Legalização de Empresas e Negócios (REDESIM), estabelecida pela Lei nº 11.598/2007. Desse modo, ao dar entrada no processo na Junta Comercial, já acontece a sincronização com os demais órgãos (Receita Federal, Estados e Municípios).

Para as empresas registradas em cartório, ainda não há essa sistematização; portanto, após o registro, é necessário protocolar o processo de abertura em cada órgão separadamente.

3.2 Certificado digital

É importante explicar os certificados, porque eles são necessários para diversos serviços que o profissional da Contabilidade utiliza para atender seus clientes. Praticamente todos os órgãos utilizam o certificado digital ou o Gov.br para os acessos.

O certificado digital é uma assinatura digital que garante a identificação da autoria nas operações realizadas eletronicamente, tornando os dados mais confiáveis e protegidos contra a leitura por pessoas não autorizadas.

A assinatura digital não é passível de contestação, assim como ocorre com a assinatura em papel. Tem validade jurídica em todo o País e para qualquer ato. Portanto, todo cuidado é pouco quando se fala na guarda e na utilização dela.

Para as empresas, o certificado é denominado "e-PJ" ou "e-CNPJ", enquanto para as pessoas físicas a denominação é "e-PF" ou "e-CPF". Deve ser emitido por uma certificadora credenciada. Anteriormente, havia poucas, mas hoje há diversas opções para a aquisição do certificado digital.

3.3 Gov.br

É um portal do Governo Federal que unifica seus canais digitais, reunindo em um único lugar vários serviços voltados aos cidadãos. Para poder utilizá-los, é preciso fazer um cadastro. Como ocorre com o certificado digital, o Gov.br pode ser requisitado para vários serviços necessários para o dia a dia dos profissionais da Contabilidade.

A conta Gov.br é classificada por níveis de segurança:

- **Bronze**: para acessar serviços digitais menos sensíveis.
- **Prata**: para acessar muitos serviços digitais.
- **Ouro**: para acessar qualquer serviço digital, sem restrição.

As contas cadastradas exclusivamente com informações do Cadastro de Pessoa Física (CPF) ou do Instituto Nacional do Seguro Social (INSS) são consideradas de nível bronze. O cadastro feito presencialmente nas unidades do INSS ou do Departamento Nacional de Trânsito (Denatran; atual Secretaria Nacional de Trânsito – Senatran) também tem esse nível.

Já as contas validadas por biometria facial da carteira de motorista (CNH), dados bancários (internet *banking* ou banco credenciado) ou cadastro de servidores públicos (SIGEPE) têm nível prata de segurança.

As contas validadas pela biometria facial da Justiça Eleitoral ou por certificado digital compatível com a Infraestrutura de Chaves Públicas Brasileira (ICP-Brasil) têm nível ouro de segurança.

Para acesso aos serviços de abertura, alteração etc., o cadastro Gov.br precisa ser de nível prata ou ouro.

3.4 Fluxo de informações

Serão descritos a seguir os fluxos de cada um dos processos mencionados neste capítulo.

3.4.1 *Abertura de empresa na Junta Comercial*

Para o processo de abertura de empresa, é preciso acessar o portal da REDESIM (https://vreredesim.sp.gov.br/). O *login* pode ser feito pela conta do Gov.br, com certificado digital do contador.

Após o acesso ao portal, inicia-se o processo de abertura. O primeiro passo é o pedido de viabilidade, uma forma de análise por parte da prefeitura para saber se a empresa poderá ser aberta com as atividades e o local escolhidos. Deve-se clicar na opção **Nova Viabilidade** e o sistema abrirá as telas de preenchimento das informações iniciais para análise:

- enquadramento (ME, EPP, demais);
- órgão registrador (Junta Comercial);
- natureza jurídica;
- dados do estabelecimento:
  - endereço;
  - tipo de unidade (produtiva ou não);
  - atividades;
  - área do imóvel e do estabelecimento;
  - horário de funcionamento;
  - descrição da empresa;
- nome empresarial (razão social);
- descrição do objeto social (igual ao informado no Contrato Social).

Após a aprovação da viabilidade, inicia-se o preenchimento do Documento Básico de Entrada (DBE), por meio da opção **Coletor Nacional**, no mesmo portal (https://vreredesim.sp.gov.br/). É necessário selecionar o tipo do serviço, bem como incluir os dados solicitados e o número do protocolo da viabilidade. Dessa maneira, os dados preenchidos serão recuperados e incluídos automaticamente no sistema, restando apenas algumas informações para preencher, já que o sistema é de análise da Receita Federal e da Secretaria da Fazenda.

Feito o preenchimento, deve-se transmitir as informações. Não há aviso de conclusão por parte dos órgãos, portanto, é necessário consultar o portal para saber o andamento. As consultas são feitas no mesmo portal, por meio do protocolo.

Após aprovado o DBE, inicia-se o preenchimento do sistema do órgão responsável pela abertura (JUCESP, cartório ou OAB – para sociedades de advogados). Caso não se saiba em qual órgão registrar, haverá a opção de consultar, por meio do protocolo do serviço.

Seleciona-se a opção **Acesse a Junta Comercial** e **VRE Digital** e inicia-se o registro, incluindo o número de protocolo (o mesmo já utilizado nos outros passos). Após preencher o restante dos dados, deve-se imprimir o Documento de Arrecadação Estadual (DARE), efetuar o pagamento e imprimir o restante dos documentos para assinatura do responsável pela empresa, juntar o Contrato Social, as fichas cadastrais disponibilizadas no sistema e documentos dos sócios e dar entrada na Junta Comercial.

Após a liberação do DBE, a prefeitura abrirá automaticamente a inscrição.

3.4.2 *Abertura de empresa no Cartório*

Acessa-se o portal REDESIM (https://vreredesim.sp.gov.br/). O *login* pode ser feito pela conta do Gov.br, com o certificado digital do contador.

Após o acesso ao portal, inicia-se o processo de abertura. O primeiro passo é o pedido de viabilidade, uma forma de análise por parte da prefeitura para saber se a empresa poderá ser aberta com as atividades e o local escolhidos. Deve-se clicar na opção **Nova Viabilidade** e o sistema abrirá as telas de preenchimento das informações iniciais para análise:

- enquadramento (ME, EPP, demais);
- órgão registrador (Cartório);
- natureza jurídica;
- dados do estabelecimento:
  - endereço;
  - tipo de unidade (produtiva ou não);
  - atividades;
  - área do imóvel e do estabelecimento;
  - horário de funcionamento;
  - descrição da empresa;
- nome empresarial (razão social);
- descrição do objeto social (igual ao inserido no Contrato Social).

É necessário acessar o *site* do órgão de classe (lembrando que, para cartório, estamos falando das sociedades simples), baixar o requerimento ou formulário, emitir a taxa para pagamento e protocolar no respectivo órgão, com o contrato social, os documentos dos sócios e os documentos do órgão preenchidos. Após a aprovação, inicia-se o processo no cartório.

Para dar entrada no cartório, deve-se preencher um requerimento e enviar a documentação solicitada. Após a aprovação, fazer o preenchimento do DBE, por meio da opção **Coletor Nacional**, no portal https://vreredesim.sp.gov.br/, selecionar o tipo do serviço e incluir os dados solicitados e o número do protocolo da viabilidade. Dessa maneira, os dados preenchidos serão recuperados e incluídos automaticamente no sistema, restando apenas algumas informações para preencher, já que o sistema é de análise da Receita Federal e da Secretaria da Fazenda. Feito o preenchimento, deve-se transmitir as informações.

Não há aviso de conclusão por parte dos órgãos, portanto, é necessário consultar o portal para saber o andamento.

Após a aprovação do DBE, deve-se juntar o Contrato Social e a Ficha Cadastral de Pessoa Jurídica (DBE), abrir um processo no portal e-CAC[1] (https://cav.receita.fazenda.gov.br/autenticacao/login) com o certificado digital do contador, além de realizar um processo digital de abertura de empresas. Aguarda-se o deferimento do CNPJ e, a seguir, a prefeitura abrirá automaticamente a inscrição municipal.

3.4.3 Licenças municipais

Após a finalização do processo de abertura, que acontece quando é emitida a inscrição municipal, deve-se realizar o pedido de licenças pertinentes a cada empresa, sendo elas: Licença de Funcionamento, Licença da Vigilância Sanitária, Licença dos Bombeiros (que é do local do estabelecimento) etc.

3.4.4 Alteração de empresas na Junta Comercial

Esse processo dependerá do tipo de alteração, já que cada uma delas corresponderá a uma necessidade, seja de documentos ou análises dos órgãos. Os portais de preenchimento serão os mesmos dos processos de abertura.

Os tipos de alteração a seguir precisam de solicitação de viabilidade:

- endereço dentro do mesmo município;
- nome empresarial;
- natureza jurídica;
- atividades econômicas (principal e secundárias);

---

[1] e-CAC é um portal de serviços da Receita Federal do Brasil.

- tipo de unidade;
- forma de atuação.

Para iniciar a solicitação, acessa-se o *site* https://vreredesim.sp.gov.br/home e escolhe-se a opção **Nova Viabilidade**. O sistema abrirá as telas de preenchimento das informações, devendo-se incluí-las de acordo com a necessidade da alteração.

Após o deferimento da viabilidade, deve-se solicitar o DBE, pela opção **Coletor Nacional** do portal https://www.gov.br/empresas-e-negocios/pt-br/redesim, selecionar o tipo do serviço, incluir os dados solicitados e o número do protocolo da viabilidade (se houver).

Dessa maneira, os dados preenchidos serão recuperados e incluídos automaticamente no sistema, restando apenas algumas informações para preencher, já que o sistema é de análise da Receita Federal e da Secretaria da Fazenda. Feito o preenchimento, deve-se transmitir as informações.

Assim como na abertura, não há aviso de conclusão por parte dos órgãos, portanto, é necessário consultar o portal para saber o andamento. As consultas são feitas no mesmo portal, por meio do protocolo.

Uma vez aprovado o DBE, deve-se acessar o portal https://vreredesim.sp. gov.br/home para fazer o preenchimento do sistema da Junta Comercial. Nesse sistema, haverá as opções **VRE** e **VRE-Digital**, a depender do tipo da alteração.

Preenchidas as informações, será emitido o DARE para o pagamento e os formulários para a assinatura do(s) empresário(s). Depois das assinaturas, é necessário juntar todos os documentos e a Alteração Contratual e dar entrada na Junta Comercial.

Após o deferimento, dá-se entrada na prefeitura (deve-se verificar na prefeitura o procedimento de alteração).

Observação: para as alterações que não precisam de viabilidade, é só proceder à solicitação do DBE e seguir os próximos passos.

3.4.5 *Alteração de empresas no Cartório*

Assim como na Junta Comercial, o processo dependerá de qual alteração será feita, pois cada tipo de alteração terá um processo diferente, mas, basicamente, será pelos mesmos portais citados no processo de abertura.

As alterações a seguir precisam da solicitação de viabilidade:

- endereço dentro do mesmo município;
- nome empresarial;

- natureza jurídica;
- atividades econômicas (principal e secundárias);
- tipo de unidade;
- forma de atuação.

Deve-se acessar o *site* https://vreredesim.sp.gov.br/home e solicitar a viabilidade. Após o deferimento da viabilidade, dá-se entrada no órgão de classe (caso seja aplicável à empresa) e, depois do deferimento deste, protocola-se a documentação no cartório.

Após a aprovação do cartório, deve-se fazer o preenchimento do DBE, pela opção **Coletor Nacional** do portal https://vreredesim.sp.gov.br/, selecionar o tipo do serviço e incluir os dados solicitados e o número do protocolo da viabilidade.

Os dados preenchidos serão recuperados e incluídos automaticamente no sistema, restando apenas algumas informações para preencher, já que o sistema é de análise da Receita Federal e da Secretaria da Fazenda. Feito o preenchimento, deve-se transmitir as informações.

Não há aviso de conclusão por parte dos órgãos, portanto, é necessário consultar o portal para saber o andamento, no mesmo portal, por meio do protocolo.

Após a aprovação do DBE, deve-se juntar o Contrato Social e a Ficha Cadastral de Pessoa Jurídica (DBE) e abrir um processo no portal e-CAC com o certificado digital do contador, bem como um processo digital de abertura de empresas.

Após o deferimento do CNPJ, verifica-se na prefeitura se o processo de alteração será aberto automaticamente ou se será necessário dar entrada presencialmente.

3.4.6 *Encerramento de empresas na Junta Comercial*

Após o encerramento da conta-corrente da pessoa jurídica e a finalização dos serviços por parte dos outros departamentos do escritório ou da empresa, inicia-se o processo de encerramento da empresa, com os seguintes passos:

- Distrato Social.
- Preenchimento do DBE de baixa no portal REDESIM (https://www.gov.br/empresas-e-negocios/pt-br/redesim).
- Preenchimento do VRE no portal https://vreredesim.sp.gov.br/home. Deve-se acessar a opção **VRE**, depois escolher a opção **Alteração de Matriz**, selecionar o tipo jurídico da empresa, preencher com o NIRE e clicar em

Distrato Social; após, preencher as informações, imprimir os formulários, pagar o DARE (caso seja liberado a guia), juntar todos os documentos assinados e dirigir-se à Junta Comercial para dar entrada no processo.

Após o deferimento, é feito o processo de encerramento na prefeitura, preenchendo-se a Declaração Cadastral (DECA) e/ou formulários digitais.

3.4.7 *Encerramento de empresas no Cartório*

Após o encerramento da conta-corrente da pessoa jurídica e a finalização dos serviços por parte dos outros departamentos do escritório ou da empresa, inicia-se o processo de encerramento da empresa, com os seguintes passos:

- Distrato Social.
- Preenchimento dos formulários do órgão de classe e protocolamento deles juntamente com o Distrato Social.
- Entrada no cartório, após o deferimento, junto com toda a documentação novamente.
- Preenchimento do DBE de baixa no portal REDESIM (https://www.gov.br/empresas-e-negocios/pt-br/redesim).

Com a aprovação do DBE, deve-se juntar o Distrato Social e a Ficha Cadastral de Pessoa Jurídica (DBE), digitalizá-los e abrir um processo digital no portal e-CAC com o certificado digital do contador.

Após o deferimento do encerramento, dá-se entrada no pedido junto à prefeitura. Em algumas, o processo será aberto automaticamente, mas em outras será necessário dar entrada presencialmente (é recomendável entrar em contato com a prefeitura para verificar o procedimento de baixa).

REFERÊNCIAS

BRASIL. *Lei nº 6.404, de 15 de dezembro de 1976*. Dispõe sobre as Sociedades por Ações. Disponível em: https://www.planalto.gov.br/ccivil_03/leis/l6404compilada.htm. Acesso em: 11 maio 2023.

BRASIL. *Lei nº 10.406, de 10 de janeiro de 2002*. Institui o Código Civil. Disponível em: https://www.planalto.gov.br/ccivil_03/leis/2002/l10406compilada.htm. Acesso em: 11 maio 2023.

BRASIL. *Lei nº 11.598, de 31 de dezembro de 2007*. Estabelece diretrizes e procedimentos para a simplificação e integração do processo de registro e legalização de empresários e de pessoas jurídicas, cria a Rede Nacional para a Simplificação do Registro e da Legalização de Empresas e Negócios – REDESIM. Disponível em: https://www.

planalto.gov.br/ccivil_03/_ato2007-2010/2007/lei/l11598.htm. Acesso em: 11 maio 2023.

BRASIL. *Lei nº 13.874, de 20 de setembro de 2019*. Institui a Declaração de Direitos de Liberdade Econômica; estabelece garantias de livre mercado. Disponível em: http://www.planalto.gov.br/ccivil_03/_ato2019-2022/2019/lei/L13874.htm. Acesso em: 11 maio 2023.

NUCCI, Guilherme de Souza. *Instituições de direito público e privado*. Rio de Janeiro: Forense, 2019.

PORTAL gov.br. Disponível em: https://www.gov.br/pt-br. Acesso em: 11 maio 2023.

RECEITA FEDERAL DO BRASIL. Disponível em: https://www.gov.br/receitafederal/pt-br. Acesso em: 11 maio 2023.

VALENTINA, José Donizete; CORRÊA, Rinaldi da Silva. *Guia para abertura de empresas*: aspectos fiscais, tributários e contábeis. São Paulo: Atlas, 2019.

4 Departamento Fiscal

vasabii |iStockphoto

OBJETIVOS DO CAPÍTULO

- Entender o que faz o departamento fiscal
- Identificar os principais tributos e obrigações acessórias
- Conhecer o Sistema Público de Escrituração Digital (Sped) e seus principais projetos aplicáveis ao departamento fiscal
- Aprender o fluxo de informação das atividades do departamento

INTRODUÇÃO

O departamento fiscal, sem desmerecer os demais, é um dos mais importantes em uma empresa ou de um escritório de Contabilidade. Afinal, no Brasil, a legislação tributária é muito extensa e complexa; temos cerca de 100 tributos.

Além disso, as demandas por parte dos Fiscos em todos os âmbitos – federal, estadual e municipal – são enormes e exigem muito dos profissionais dessa área. Embora fonte de muito trabalho, é também de oportunidades, uma vez que um bom planejamento tributário – essencial para todas as empresas – depende de um profundo conhecimento da legislação tributária e das práticas desse departamento.

4.1 O que faz o departamento fiscal?

Como bem sabemos, as pessoas criam negócios visando empreender e obter lucro. Essas empresas realizam diversas transações com outras empresas e com pessoas, como comprar, vender, prestar serviços, produzir mercadorias etc. Uma empresa de comércio, por exemplo, compra produtos e os revende para consumidores finais; já uma prestadora de serviços realiza serviços específicos atendendo seus clientes em suas demandas; uma indústria compra matéria-prima, emprega materiais, energia elétrica, mão de obra etc., para produzir uma mercadoria. Enfim, todas essas transações, denominadas operações, têm regras, procedimentos e documentos próprios que lhes dão validade jurídica. Uma compra de mercadoria para revenda, por exemplo, precisa ter uma nota fiscal com detalhamentos e discriminações específicas do vendedor, do comprador, dos produtos etc., regras estas dispostas em leis ou regulamentos.

Então, afinal, o que faz o departamento fiscal?

É o responsável por registrar (chamamos de escriturar) todas as movimentações de negócio da empresa (compras, vendas, serviços), realizar as apurações dos impostos devidos e entregar as obrigações acessórias (declarações) decorrentes dessas transações.

Contudo, não é só isso. Cabe também ao departamento fazer a verificação de adequações à legislação tributária, desde códigos de operação, de produtos, de tributação ou não de determinada operação, de planejamento tributário. Enfim, estamos falando de gestão de tributos.

As multas impostas pela legislação tributária por erros ou inadequações ou falta de prestação de informação para o Fisco são, em muitos casos, altíssimas, o que pode levar as empresas a grandes transtornos financeiros. Portanto, é também muito importante a adequada atuação do departamento fiscal para mitigar o risco dessas multas.

Podemos, resumidamente, apontar como funções do departamento: recebimento de notas e documentos fiscais, conferência e análise da documentação, escrituração, apuração dos impostos, entrega de obrigações acessórias, análise e planejamento tributário.

O profissional do departamento fiscal precisa manter-se atualizado, em termos de legislação tributária, o tempo todo, pois são frequentes as alterações promovidas pelos governos.

Importante ressaltar também que a escrituração fiscal se integra com a escrituração contábil; portanto, é imprescindível que haja um alinhamento entre os departamentos para que os lançamentos fiscais sejam transportados para a Contabilidade da maneira correta (em termos de classificação), pois, caso isso não seja feito, com toda certeza haverá retrabalho para ambos.

Quando se fala em notas fiscais, escrituração, entrega de declarações etc., é preciso entender que também houve um processo evolutivo. Antigamente, todo processo fiscal era feito de modo manual, em livros e formulários próprios, demandando muito tempo dos profissionais do setor. A partir da década de 1990, começaram a surgir os *softwares* voltados para a área, o que tornou o trabalho mais ágil. Em 2006 surgiu o Sped – que explicaremos mais adiante –, o qual modificou bastante a forma de escrituração e de relacionamento entre as empresas e com o Fisco. Portanto, a tecnologia passou a fazer parte do cotidiano desses profissionais para que pudessem se adaptar, adaptar seus sistemas e atender a todas as novas exigências.

Aqui vamos abrir parênteses. Como vimos nos Capítulos 1 e 2, a tecnologia vem provocando mudanças em todas as profissões, e na Contabilidade não é diferente; portanto, o setor fiscal também está sofrendo influências dessa tecnologia. Empresas de *software* estão desenvolvendo soluções cada vez mais inteligentes para evitar qualquer trabalho de digitação ou de análises mais manuais. Veremos, no Capítulo 8 – Tecnologia da Informação, que ela avança cada vez mais; por exemplo, já existem aplicações no departamento fiscal, denominadas *chatbots*, que atendem sozinhas às principais demandas dos clientes. Isso pode gerar certa apreensão por parte dos profissionais do setor, que sempre se perguntam: então, perderemos nosso emprego ou nossa função? O departamento deixará de existir? Da mesma maneira que comentamos nos capítulos iniciais, a resposta é **não**. Contudo, é preciso estar atento ao fato de que todas as atividades e processos que assim o puderem serão realizadas por *softwares*, que denominamos robôs. Isso deve ser encarado como algo bom, que vem para ajudar, para melhorar, inclusive, a qualidade de vida no trabalho dos profissionais desse departamento, e não como algo que vem para prejudicar. Enquanto os robôs farão o trabalho mais manual, esses profissionais estarão realizando atividades de análise e gestão dos dados fiscais e tributários, elaborando estratégias, planejamentos, orientações a seus clientes etc.

Portanto, fica a dica, é preciso aprofundar os conhecimentos em legislação tributária, em gestão de tributos e análises tributárias para que você possa ter seu espaço garantido no mercado atual e futuro.

Agora que conhecemos o que faz o departamento fiscal e no que precisamos nos preparar para um bom posicionamento no mercado, precisamos entender os principais tributos, os regimes tributários e o Sped e seus projetos.

4.2 Principais tributos

Inicialmente, é preciso fazer um esclarecimento sobre a diferença entre tributo e imposto. Muitos confundem uma coisa com a outra. Tributo é o conjunto de impostos, taxas e contribuições. Portanto, imposto é um tipo de tributo.

Também é preciso entender a diferença entre imposto, taxa e contribuições. De acordo com Código Tributário Nacional (CTN), imposto é:

> Art. 16 [...] o tributo cuja obrigação tem por fato gerador uma situação independente de qualquer atividade estatal específica, relativa ao contribuinte.

O artigo 77 disciplina que as taxas:

> Art. 77 [...] têm como fato gerador o exercício regular do poder de polícia, ou a utilização, efetiva ou potencial, de serviço público específico e divisível, prestado ao contribuinte ou posto à sua disposição.

Portanto, taxas precisam ter atrelados serviços públicos; por exemplo, taxa de coleta de lixo, taxa de iluminação etc. O imposto não está vinculado a uma atividade do Estado, mas servirá para custeio de suas ações.

As contribuições são as de melhoria, aquelas que devem ser cobradas, pela União, pelo Distrito Federal, pelos Estados e Municípios, por seu valor de custo, por obras públicas que façam e que promovam valorização imobiliária para o contribuinte, como taxa de colocação de asfalto. Existem também as contribuições sociais, que são destinadas à seguridade social, além de outras, dispostas na Constituição Federal.

Mas, retornando ao nosso foco, vejamos a seguir os principais tributos.

4.2.1 *Federais*

Os principais tributos federais para as empresas são o Imposto sobre Produtos Industrializados (IPI), o Programa de Integração Social (PIS), a Contribuição para o Financiamento da Contribuição Social (Cofins), o Imposto sobre a Renda das Pessoas Jurídicas (IRPJ) e a Contribuição Social sobre o Lucro Líquido (CSLL).

4.2.1.1 Imposto sobre Produtos Industrializados

O IPI tem como fato gerador a industrialização,[1] portanto é característico de indústrias e equiparadas. Trata-se de um imposto não cumulativo, ou seja, permite que sejam abatidos créditos das aquisições de insumos para a produção. Também é um imposto muito importante, porque serve para regular o consumo. É por isso que, quando se quer aquecer a economia, há redução do IPI, a exemplo do que foi feito com automóveis e produtos da linha branca.

O IPI é um imposto que deve ser adicionado ao preço final e a empresa que o cobra fica responsável por recebê-lo e repassá-lo ao governo. Está contemplado pelo instituto da seletividade e, portanto, os produtos mais essenciais à população são menos tributados e os menos essenciais são mais tributados.

De acordo com a Constituição Federal, é de competência da União sua administração.

4.2.1.2 Programa de Integração Social e Contribuição para o Financiamento da Contribuição Social

O PIS e a Cofins são contribuições e incidem sobre o faturamento das empresas.

Existem dois regimes de apuração: o cumulativo, para empresas do Lucro Presumido; e o não cumulativo, para empresas do Lucro Real (o que explicaremos mais adiante).

As alíquotas incidentes sobre o faturamento, no regime cumulativo, são de 0,65% para o PIS e 3% para a Cofins. Já no não cumulativo, são de 1,65% para o PIS e 7,6% para a Cofins; porém, nesta modalidade, é permitido tomar créditos sobre compras e outros insumos, sendo que o pagamento final deve ser o resultado da aplicação da alíquota sobre a diferença entre os débitos e os créditos.

---

[1] Aqui estamos colocando de maneira didática e simplificada para facilitar o entendimento, tendo em vista que o livro não tem a pretensão de abordar com profundidade questões tributárias, mas sim proporcionar ao ingressante no mercado de trabalho uma visão do que existe.

4.2.1.3 Imposto sobre a Renda das Pessoas Jurídicas e Contribuição Social sobre o Lucro Líquido

O IRPJ e a CSLL incidem sobre o lucro. As alíquotas são de 15% para o IRPJ e 9% para a CSLL.

No Brasil, existem três regimes de apuração: o Lucro Real, o Lucro Presumido e o Simples Nacional.

4.2.2 *Estadual*

O imposto estadual que incide sobre operações de comércio e alguns serviços é o Imposto sobre a Circulação de Mercadorias e Serviços (ICMS).

4.2.2.1 Imposto sobre a Circulação de Mercadorias e Serviços

O ICMS é um dos principais impostos brasileiros e o que mais arrecada. Incide sobre as operações de venda e sobre alguns serviços, como telecomunicações, transportes interestaduais e comunicação. É não cumulativo, o que significa que é permitido tomar créditos das aquisições e insumos feitos.

A Constituição Federal atribuiu aos Estados a competência da regulamentação do ICMS; portanto, como temos 26 Estados, mais o Distrito Federal, pode haver diferenças nas regras de Estado para Estado. Além disso, há a famosa "guerra fiscal", em que Estados de determinada região cobram alíquotas menores e outros cobram maiores.

A tributação do ICMS é por produto; os produtos menos essenciais têm alíquotas maiores e os mais essenciais têm alíquotas menores.

Os regulamentos de ICMS dos Estados são bem extensos e complexos, cheios de regras. É preciso ficar muito atento para não deixar de cumprir obrigações ou regras, o que pode gerar multas.

4.2.3 *Municipal*

Aos Municípios compete a arrecadação de alguns impostos, o principal deles é o Imposto sobre Serviços de Qualquer Natureza (ISSQN), que incide nas atividades econômicas de prestação de serviços.

4.2.3.1 Imposto sobre Serviços de Qualquer Natureza

O ISSQN tem como fato gerador a prestação de serviços. A alíquota de incidência depende da legislação de cada município e do tipo de serviço que é prestado, e não pode ser inferior a 2% ou superior a 5%.

A Constituição Federal atribui aos Municípios a competência de sua regulação.

4.2.4 Regimes de Apuração de Impostos

São três os regimes de apuração de impostos no Brasil: o Simples Nacional, o Lucro Real e o Lucro Presumido.

4.2.4.1 Simples Nacional

A Constituição Federal prevê, em seus artigos 170, inciso IX, e 179, tratamento diferenciado para as empresas de pequeno porte. Em 1999, a Lei n° 9.841 instituiu o Estatuto da Microempresa e da Empresa de Pequeno Porte, o que assegurou esse tratamento diferenciado em questões de ordens administrativas, tributárias, previdenciárias, trabalhistas, de crédito e de desenvolvimento empresarial.

Em 2006, foi publicada a Lei Complementar n° 123, revogando a Lei n° 9.841/1999 e a Lei n° 9.317/1996 (Simples), criando assim um sistema simplificado de regras gerais e tributárias para essas empresas, o **Simples Nacional**.

Trata-se, na parte tributária, de um sistema simplificado de apuração de impostos (que de simplificado só tem o nome), pelo qual as empresas são enquadradas em anexos. O anexo I é para a tributação de atividades do comércio; o anexo II, para atividades de indústria; e os anexos III, IV e V, para as empresas de serviços, sendo o III o menos oneroso.

Podem se enquadrar nesse sistema de apuração de impostos as empresas classificadas como microempresas, atualmente com faturamento de até R$ 360.000,00 por ano ou proporcional por mês, e como empresas de pequeno porte, com faturamento de R$ 360.000,01 a 4.800.000,00 por ano ou proporcional por mês e que não estejam previstas no parágrafo 4° do artigo 3° da Lei n° 123/2006 como impeditivas.

As alíquotas que incidem sobre o faturamento estão dispostas em cada anexo por faixa de faturamento e, para sua determinação, deve ser considerado o faturamento acumulado dos 12 últimos meses.

O Simples Nacional deve ser apurado diretamente no *site* da Receita Federal, disponível em: https://www8.receita.fazenda.gov.br/simplesnacional/servicos/grupo.aspx?grp=5. Acesso em: 14 jul. 2023. O imposto é único e repartido entre os entes envolvidos, como Município, Estado e União.

Enfim, para não nos alongarmos, trata-se de um regime simplificado, para microempresas e empresas de pequeno porte que não estejam em condições impeditivas de ingresso.

4.2.4.2 Lucro Real

É o regime de apuração mais complexo, porque a tributação do Imposto de Renda Pessoa Jurídica (IRPJ) e da Contribuição Social é feita com base na apuração do lucro contábil e, portanto, é preciso que a empresa mantenha sua Contabilidade em dia.

Teria tudo para ser o regime mais justo, porque apura os impostos sobre o lucro de fato. Contudo, não é bem assim. Isso porque nem todas as despesas são aceitas como dedutíveis, por exemplo, refeições de sócios, brindes, e provisões que não sejam as permitidas, como férias e 13° salário etc. Então, o lucro contábil é ajustado para fins de cálculo do IR e da CSLL. Desse modo, sua apuração fica bastante complexa, e quem acaba finalizando a apuração é o departamento contábil.

Qualquer empresa pode optar pelo Lucro Real; no entanto, de acordo com o artigo 59 da Instrução Normativa Receita Federal do Brasil n° 1.700/2017, são obrigadas a estar no regime aquelas:

I – cuja receita total no ano-calendário anterior tenha excedido o limite de R$ 78.000.000,00 (setenta e oito milhões de reais) ou de R$ 6.500.000,00 (seis milhões e quinhentos mil reais) multiplicado pelo número de meses de atividade no período, quando inferior a 12 (doze) meses;

II – cujas atividades sejam de bancos comerciais, bancos de investimentos, bancos de desenvolvimento, agências de fomento, caixas econômicas, sociedades de crédito, financiamento e investimento, sociedades de crédito imobiliário, sociedades corretoras de títulos, valores mobiliários e câmbio, distribuidoras de títulos e valores mobiliários, empresas de arrendamento mercantil, cooperativas de crédito, empresas de seguros privados e de capitalização e entidades de previdência privada aberta;

III – que tiverem lucros, rendimentos ou ganhos de capital oriundos do exterior;

IV – que, autorizadas pela legislação tributária, usufruem de benefícios fiscais relativos à isenção ou redução do imposto;

V – que, no decorrer do ano-calendário, tenham efetuado pagamento mensal pelo regime de estimativa, na forma prevista nos arts. 33 e 34;

VI – que exploram as atividades de prestação cumulativa e contínua de serviços de assessoria creditícia, mercadológica, gestão de crédito, seleção e riscos, administração de contas a pagar e a receber, compras de direitos creditórios resultantes de vendas mercantis a prazo ou de prestação de serviços (*factoring*); ou

VII – que exploram as atividades de securitização de créditos imobiliários, financeiros e do agronegócio.

O Lucro Real é, portanto, o lucro contábil ajustado, ou seja, adicionado das despesas indedutíveis, sendo permitida a exclusão de receitas não tributáveis. Sua apuração pode ser feita de forma trimestral ou anual (estimativa mensal).

As alíquotas são de 15% para o IRPJ e 9% para a CSLL, havendo ainda o adicional do IR. Se o lucro for maior do que R$ 60.000,00 no trimestre, no caso de apuração trimestral, ou maior que R$ 20.000,00 no mês, no caso de apuração por estimativa, haverá a incidência de mais 10% de IRPJ sobre o que ultrapassar esses limites.

O PIS e a Cofins nesse regime de apuração devem ser não cumulativos, e as alíquotas são de 1,65% para o PIS e 7,6% para a Cofins, permitindo-se que sejam abatidos créditos. Existem algumas exceções, como escolas, desenvolvimento de *softwares* etc., que, mesmo estando no Lucro Real, devem apurar com base no regime cumulativo, o qual não se permite tomar créditos e as alíquotas são menores, 0,65% para PIS e 3% para Cofins.

E se a empresa tiver duas atividades, uma obrigatória ao regime cumulativo e outra ao não cumulativo (por exemplo, venda de mercadorias de informática e desenvolvimento de *software*)? Estando no Lucro Real, deverá apurar pelos dois sistemas, as receitas de vendas pelo não cumulativo e as receitas de desenvolvimento de *software* pelo cumulativo. As guias de pagamento de impostos deverão ser diferentes, utilizando códigos de receitas apropriados de cada sistema de apuração.

Abordaremos mais detalhadamente o Lucro Real no Capítulo 7 – Departamento Contábil.

4.2.4.3 Lucro Presumido

Para facilitar para as empresas e agilizar a arrecadação de impostos, foi criado o Lucro Presumido. Nesse sistema, o lucro é presumido (ou seja, presume-se um percentual de lucro) de acordo com a atividade da empresa. Dessa maneira, as empresas não precisam esperar o fechamento da Contabilidade para pagar o IR e a CSLL; basta aplicarem o percentual de presunção e depois a alíquota de cada imposto, sendo 15% para o IRPJ e 9% para CSLL.

> **DICA**
>
> Para aprofundar-se em tributos e legislação tributária, duas ótimas recomendações são os livros: *Manual de contabilidade tributária* (Pêgas) e *Contabilidade tributária* (Fabretti).

Podem optar pelo Lucro Presumido todas as empresas que não estiverem obrigadas ao Lucro Real. O limite de faturamento é de R$ 78.000.000,00 por ano ou proporcional.

A apuração do IR e da Contribuição Social no Lucro Presumido é trimestral. Também existe o adicional do IR nesse regime; caso o lucro ultrapasse R$ 60.000,00 por trimestre, há incidência de mais 10% sobre o excedente.

A Tabela 4.1 apresenta os percentuais de presunção.

Tabela 4.1 Percentuais de presunção – Lucro Presumido

Atividades	IRPJ (% sobre a receita)	CSLL (% sobre a receita)
Revenda a varejo de combustíveis e gás natural	1,6	12
Venda de mercadorias ou produtos Transporte de cargas Atividades imobiliárias Serviços hospitalares Atividade rural Industrialização com materiais fornecidos pelo encomendante Outras atividades não especificadas (exceto serviços)	8	12
Serviços de transporte (exceto o de cargas) Serviços gerais com receita bruta de até R$ 120.000,00 por ano	16	12
Prestação de serviços em geral Intermediação de negócios Administração, locação ou cessão de bens móveis/imóveis ou direitos	32	32
Ganhos de capital e outras receitas	100	100

Fonte: Elaborada pelos autores com base na Lei nº 9.249/1995.

Por exemplo, imaginemos uma receita de R$ 100.000,00, proveniente de atividades de comércio. Como apurar o IRPJ e a CSLL?

- **IRPJ**: 100.000,00 (receita) × 8% (percentual de presunção) = 8.000,00 × 15% (alíquota do IRPJ) = R$ 1.200,00.
- **CSLL**: 100.000,00 (receita) × 12% (percentual de presunção) = 12.000,00 × 9% (alíquota da CSLL) = R$ 1.080,00.

O PIS e a Cofins, no Lucro Presumido, seguem o regime cumulativo e a apuração mensal, aplicando-se as alíquotas de 0,65% e 3%, respectivamente, sobre o faturamento.

4.2.5 *Sistema Público de Escrituração Digital*

Como mencionamos no início deste capítulo, toda escrituração fiscal era feita antigamente de modo manual, em livros, mas atualmente não é mais assim.

Em 2007, por meio do Decreto nº 6.022, foi criado o Sped. Datam do ano 2000 os estudos para a sua criação e, em 2003, foi aprovada a Emenda Constitucional nº 42, que permitiu que as administrações tributárias da União, dos Estados, do Distrito Federal e dos Municípios atuassem de maneira integrada e com compartilhamento de dados cadastrais e informações fiscais. Esse foi o grande passo para ser, de fato, criado um grande sistema digital, com compartilhamento de dados entre os Fiscos, com todas as informações fiscais, contábeis e trabalhistas dos contribuintes.

O artigo 2º do Decreto nº 6.022/2007 define assim o Sped:

> Art. 2º O Sped é instrumento que unifica as atividades de recepção, validação, armazenamento e autenticação de livros e documentos que integram a escrituração contábil e fiscal dos empresários e das pessoas jurídicas, inclusive imunes ou isentas, mediante fluxo único, computadorizado, de informações.

Como seus objetivos, foram divulgados: promover a integração dos Fiscos, racionalizar e uniformizar as obrigações acessórias para os contribuintes e tornar mais célere a identificação de ilícitos tributários. E como seus benefícios: a redução do custo de papel e consequente preservação do meio ambiente, cruzamento de dados contábeis e fiscais, aperfeiçoamento no combate à sonegação e redução do chamado "custo Brasil".[2]

O Sped acabou sendo ampliado e vários projetos foram desenvolvidos. Hoje sua estrutura mostrada na Figura 4.1.

Vamos explicar cada um dos projetos que formam o Sped ligados ao departamento fiscal.

4.2.5.1 Nota Fiscal Eletrônica

Substitui a nota fiscal em papel pela digital. Hoje esse projeto do Sped já está difundido em todo o País; começou em 2006, com empresas-piloto, e tornou-se obrigatória para grande parte das empresas em 2008.

No modelo da nota fiscal digital, o Fisco fica sabendo das operações da empresa no ato da transmissão da nota, ou seja, em tempo real (antes as notas eram informadas apenas no mês seguinte). Ao transmitir-se a Nota Fiscal Eletrônica (NF-e), é emitido um documento denominado Documento Auxiliar

---

[2] "Custo Brasil" é o termo utilizado para se referir ao custo anual das empresas em atender as obrigações fiscais, como apuração de impostos, entrega de obrigações acessórias, máquinas e equipamentos para emissão de notas físicas, equipes de profissionais atuando em área fiscal, trabalhista etc.

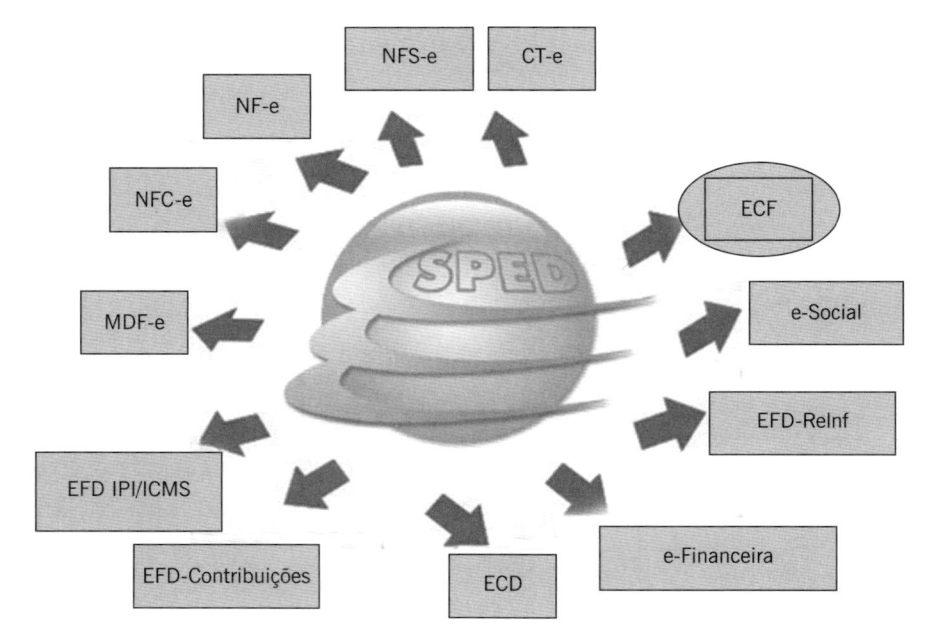

Figura 4.1 Sistema Público de Escrituração Digital.

Fonte: http://www.protonsistemas.com.br/sistema-publico-de-escrituracao-digital-o-que-e-e-para-que-serve/. Acesso em: 14 ago. 2023.

da Nota Fiscal Eletrônica (DANFE), para que se possa circular com a mercadoria, em caso de necessidade de transporte. Trata-se de um documento meramente auxiliar, porque a nota fiscal verdadeira já está no banco de dados do Fisco.

A nota eletrônica pode ser emitida por sistema próprio ou pelo *software* da própria Secretaria da Fazenda. Além da NF-e para mercadorias, também já funcionam os outros modais, como a Nota Fiscal de Serviços Eletrônica (NFS-e), o Conhecimento de Transporte Eletrônico (CT-e), a Nota Fiscal de Consumidor Eletrônica (NFC-e) e o Manifesto Eletrônico de Documentos Fiscais (MDF-e).

4.2.5.2 Escrita Fiscal Digital Imposto sobre a Circulação de Mercadorias e Serviços/Imposto sobre Produtos Industrializados

Foi instituída com o objetivo de substituir os livros fiscais em papel pelo meio digital:

a) Registro de Entradas.

b) Registro de Saídas.

c) Registro de Apuração do ICMS.

d) Registro de Apuração do IPI.

e) Registro de Inventário.

f) Registro de Controle da Produção e do Estoque.

Os lançamentos de mercadorias e/ou serviços são feitos item por item, não mais pelos valores totais da nota fiscal. Dessa maneira, o arquivo da escrituração é alimentado por itens de entrada e saída.

Os dados são apresentados em blocos de informação. Todo controle fiscal realizado pelas empresas para apuração e recolhimento de impostos está contemplado no projeto de Escrita Fiscal Digital (EFD), cuja periodicidade de apresentação é mensal.

Devem apresentar a EFD ICMS/IPI os contribuintes do ICMS e do IPI. No entanto, cada contribuinte deverá aguardar ser notificado pela Fazenda Estadual para ingressar no projeto, o que não impede o ingresso como voluntário para os que desejarem.

DICA

No *site* sped.rfb.gov.br, você encontra todos os projetos do Sped, legislações, manuais, perguntas e respostas.

O Quadro 4.1 apresenta a estrutura do arquivo padrão XML da EFD ICMS/IPI.

Quadro 4.1 Estrutura da Escrita Fiscal Digital Imposto sobre a Circulação de Mercadorias e Serviços/Imposto sobre Produtos Industrializados

Bloco	Descrição
0	Abertura, identificação e referências
C	Documentos fiscais I – Mercadorias (ICMS/IPI)
D	Documentos fiscais II – Serviços (ICMS)
E	Apuração do ICMS e do IPI
G	Controle do Crédito de ICMS do Ativo Permanente (CIAP)
H	Inventário físico
K	Controle da produção e do estoque
1	Outras informações
9	Controle e encerramento do arquivo digital

4.2.5.3 Escrita Fiscal Digital Contribuições

Projeto criado para a apuração do PIS e da Cofins, sendo obrigatório para todas as empresas que os pagam e sua apresentação é mensal. Para o regime não cumulativo de apuração do PIS e da Cofins, todo crédito utilizado deve ser informado de maneira detalhada.

O projeto também abarca a contribuição previdenciária sobre a receita bruta, para as empresas enquadradas na desoneração da folha de pagamento.

A entrega da declaração também é devida para entidades sem fins lucrativos, desde que a somatória do PIS e da Cofins recolhidos no mês seja igual ou superior a R$ 10.000,00.

A estrutura do arquivo a ser entregue também segue o padrão de blocos (Quadro 4.2).

Quadro 4.2 Estrutura Escrita Fiscal Digital Contribuições

Bloco	Descrição
0	Abertura, identificação e referências
A	Documentos fiscais – Serviços (ISS)
C	Documentos fiscais I – Mercadorias (ICMS/IPI)
D	Documentos fiscais II – Serviços (ICMS)
F	Demais documentos e operações
I	Operações de pessoas jurídicas componentes do sistema financeiro, seguradoras, previdência privada e planos de assistência à saúde
M	Apuração da contribuição e créditos de PIS/PASEP e Cofins
P	Apuração da contribuição previdenciária sobre a receita bruta
1	Complemento da escrituração
9	Controle e encerramento do arquivo digital

Note que muitas das informações são repetidas nos projetos do Sped, por exemplo, o bloco C da EFD-Contribuições é igual ao bloco C da EFD ICMS/IPI; portanto, é muito importante que o contribuinte (nosso cliente) tenha um *software* ERP[3] em sua empresa e que este esteja preparado e atualizado para gerar as informações do Sped, evitando retrabalho e duplicidade de informações.

4.2.5.4 Escrituração Fiscal Digital de Retenções e Outras Informações

Reúne informações sobre retenções, o que significa que todos os departamentos (fiscal, pessoal e contábil) são envolvidos. Portanto, esses departamentos precisam estar unidos e integrados para poder produzir uma boa e correta informação para a apresentação da Escrituração Fiscal Digital de Retenções e

---

[3] *Software* ERP é um sistema para controle dos processos de gestão da empresa. Parte do controle de aquisições, faturamento, contas a pagar/receber etc.

Outras Informações (EFD-REINF). Tratamos dessa obrigação do Sped no departamento fiscal porque, de maneira geral, é este quem reúne as informações e faz a entrega.

O REINF é o projeto de informações sobre retenções de impostos, entre eles o INSS (no caso de empresas que prestam ou contratam serviços de cessão de mão de obra ou empreitada e de pessoas jurídicas optantes pela desoneração da folha de pagamento), o PIS, a Cofins, o IRPJ e a CSLL.

Outras informações também devem ser prestadas, de modo que, no futuro, venha a substituir a Declaração de Imposto de Renda Retido na Fonte (DIRF), conforme veremos no Capítulo 7 – Departamento Contábil.

A estrutura do arquivo é feita em registros, conforme apresentado no Quadro 4.3.

Quadro 4.3 Estrutura do arquivo Escrituração Fiscal Digital de Retenções e Outras Informações

Registro
R-1000 – Informações do contribuinte
R-1070 – Tabela de processos administrativos/judiciais
R-2010 – Retenção de contribuição previdenciária – Prestadores de serviços
R-2020 – Retenção de contribuição previdenciária – Tomadores de serviços
R-2030 – Recursos recebido por associação desportiva
R-2040 – Recursos repassados para associação desportiva
R-2050 – Comercialização da produção por produtor rural J/Agroindústria
R-2060 – Contribuição previdenciária sobre a receita bruta
R-2070 – Retenções na fonte – IR, CSLL, Cofins, PIS/PASEP – Pagamentos diversos
R-2098 – Reabertura de eventos periódicos

Os demais projetos do Sped serão abordados nos capítulos dos departamentos inerentes.

4.2.6 Outras Obrigações Acessórias (Fiscal)

Existem outras obrigações acessórias que devem ser entregues pelo contribuinte e que não são parte do Sped:

- Para as empresas do **Simples Nacional**: a **DeSTDA**, declaração relativa à substituição tributária, diferencial de alíquota e antecipação, cuja entrega é mensal.

- Para as empresas do **Lucro Presumido e Real**: a Guia de Informação e Apuração do ICMS (**GIA**), que deve ser enviada pelas empresas com inscrição estadual e que recolhem ICMS. Os *softwares* de escrituração fiscal disponíveis no mercado têm a funcionalidade de gerar o arquivo para transmissão para a Secretaria da Fazenda. Em 15 de março 2023, foi publicado o Decreto n° 67.568, no Estado de São Paulo, com o objetivo de extinguir gradualmente a GIA.

4.2.7 Fluxo de informações

Resumidamente, a rotina do departamento fiscal é realizada na triagem da documentação fiscal recebida, análise tributária das operações, escrituração fiscal, elaboração das obrigações acessórias municipais, estaduais e federais, como GIA, EFD ICMS/IPI, EFD-Contribuições, EFD-REINF, DeSTDA, apuração dos impostos, ISS, ICMS, IPI, PIS/Cofins, IRPJ/CSLL, acompanhamento da regularidade fiscal, bem como suporte na correta orientação aos clientes na emissão de documentos fiscais.

REFERÊNCIAS

BRASIL. *Constituição da República Federativa do Brasil de 1988*. Disponível em: https://www.planalto.gov.br/ccivil_03/constituicao/constituicao.htm. Acesso em: 12 maio 2023.

BRASIL. *Emenda Constitucional n° 42, de 19 de dezembro de 2003*. Altera o Sistema Tributário Nacional e dá outras providências. Disponível em: https://www.planalto.gov.br/ccivil_03/constituicao/emendas/emc/emc42.htm. Acesso em: 12 maio 2023.

BRASIL. *Lei Complementar n° 123, de 14 de dezembro de 2006*. Institui o Estatuto Nacional da Microempresa e da Empresa de Pequeno Porte; altera dispositivos das Leis n° 8.212 e 8.213, ambas de 24 de julho de 1991, da Consolidação das Leis do Trabalho – CLT, aprovada pelo Decreto-Lei n° 5.452, de 1° de maio de 1943, da Lei n° 10.189, de 14 de fevereiro de 2001, da Lei Complementar n° 63, de 11 de janeiro de 1990; e revoga as Leis n° 9.317, de 5 de dezembro de 1996, e 9.841, de 5 de outubro de 1999. Disponível em: https://www.planalto.gov.br/ccivil_03/leis/lcp/lcp123.htm. Acesso em: 12 maio 2023.

BRASIL. *Lei n° 5.172, de 25 de outubro de 1966*. Dispõe sobre o Sistema Tributário Nacional e institui normas gerais de direito tributário aplicáveis à União, Estados e Municípios. Disponível em: https://www.planalto.gov.br/ccivil_03/leis/l5172compilado.htm. Acesso em: 12 maio 2023.

BRASIL. *Decreto n° 6.022, de 22 de janeiro de 2007*. Institui o Sistema Público de Escrituração Digital – Sped. Disponível em: https://www.planalto.gov.br/ccivil_03/_ato2007-2010/2007/decreto/d6022.htm. Acesso em: 12 maio 2023.

FABRETTI, Láudio Camargo. *Contabilidade tributária*. 16. ed. São Paulo: Atlas, 2017.

PÊGAS, Paulo Henrique. *Manual de contabilidade tributária*: 330 questões de múltipla escolha com gabarito. 10. ed. São Paulo: Atlas, 2022.

RECEITA FEDERAL DO BRASIL. *Instrução Normativa RFB n° 1700 de 14 de março de 2017*. Dispõe sobre a determinação e o pagamento do imposto sobre a renda e da contribuição social sobre o lucro líquido das pessoas jurídicas e disciplina o tratamento tributário da Contribuição para o PIS/Pasep e da Cofins no que se refere às alterações introduzidas pela Lei n° 12.973, de 13 de maio de 2014. Disponível em: http://normas.receita.fazenda.gov.br/sijut2consulta/link.action?idAto=81268. Acesso em: 12 maio 2023.

RECEITA FEDERAL DO BRASIL. *Sistema Público de Escrituração Digital – Sped*. Disponível em: http://sped.rfb.gov.br. Acesso em: 12 maio 2023.

5 Departamento Pessoal

Chalirmpoj Pimpisarn | iStockphoto

INTRODUÇÃO

Muitos confundem o departamento pessoal com o departamento de recursos humanos (RH). Acham que são a mesma coisa, porém não são. Neste capítulo, vamos abordar o departamento pessoal, que é ligado às operações mais corriqueiras no trato com as pessoas (funcionários) na empresa, como registro, folha de pagamento, cálculos etc. O departamento de RH, que trataremos no Capítulo 9 deste livro, tem uma abrangência maior, envolvendo a gestão de pessoas.

Boa parte das empresas, especialmente as pequenas, terceirizam o departamento pessoal. Entre os serviços que podem ser prestados por um escritório de Contabilidade está, justamente, esse departamento.

5.1 O que faz o departamento pessoal?

O departamento pessoal, assim como os demais, pode estar interno na empresa ou ser terceirizado para uma empresa ou escritório de Contabilidade. Sua função principal é cuidar de toda a rotina relacionada aos funcionários, como documentação da contratação ou da rescisão, controle de férias, exames periódicos, cálculo da folha de pagamento mensal, entrega das obrigações acessórias exigidas pelos órgãos de governo etc.

A tecnologia também já está muito avançada para essa área. Embora seja comum ver empresas que ainda entregam holerites (recibos de pagamento), assim como outros documentos, de forma impressa para cada colaborador, há as mais avançadas, com ponto digital, portal para que os funcionários acessem seus comprovantes e apontamentos.

É importante falar sobre tecnologia aqui, porque isso também faz parte dos requisitos do bom profissional da Contabilidade. Lembre-se do que já dissemos, é preciso sempre estar atualizado! Portanto, ainda que você trabalhe em uma empresa menos atualizada em termos tecnológicos, é preciso conhecer o que há de mais moderno, até porque o Sistema Público de Escrituração Digital (Sped) tem um projeto específico para receber as informações provenientes desse setor, o e-Social. Esse projeto é bem amplo e fornece aos órgãos governamentais desde a situação de simples comunicados, como acidente de trabalho e férias, até a folha de pagamento completa.

Note que o Sped, com seu poder tecnológico de receber e cruzar informações, obriga (ou ajuda) os profissionais a realmente conhecerem as tecnologias e a usarem, buscando deixar as operações rotineiras e manuais para os *softwares* e investindo mais em questões como análise da legislação, conformidades nas áreas tributárias, de segurança e de saúde.

Vamos verificar que, no próprio departamento pessoal, a Declaração de Débitos e Créditos Tributários Federais Previdenciários e de Outras Entidades e Fundos (DCTFWeb) calcula os impostos automaticamente e não permite intervenção humana para essa finalidade. Em breve, a folha de pagamento estará pronta, sem intervenção humana, talvez apenas com um ou outro apontamento. Enfim, é preciso estar preparado.

Como resumo das atribuições do departamento pessoal, podemos destacar:

- controle da jornada de trabalho dos colaboradores;
- cálculo da folha de pagamento mensal;
- gestão de benefícios;
- controle de férias e licenças;
- entrega das obrigações acessórias;
- verificação e análise dos dissídios coletivos das categorias;
- análise da adequação à Lei Geral de Proteção de Dados (LGPD);
- análise da adequação e conformidade com a legislação trabalhista.

Como podemos notar, trata-se de bastante coisa e, por isso, é necessária a utilização de tecnologia em processos e sistemas para conseguir realizar um bom trabalho.

5.2 Principais tributos

Além da parte mais burocrática, o departamento pessoal também faz os cálculos da folha de pagamento e, consequentemente, dos tributos devidos sobre ela. Mas quais são esses tributos? Basicamente, o do Instituto Nacional do Seguro Social (INSS), que tem dois contribuintes, a empresa e o funcionário, o Imposto de Renda (IR) e o Fundo de Garantia por Tempo de Serviço (FGTS).

5.2.1 *Instituto Nacional do Seguro Social*

Sobre o valor da folha de salários, incide o INSS, contribuição para financiar a seguridade social (aposentadorias).

- **Empregador**: o empregador deve recolher 20% sobre o total da folha. Além disso, existe o Seguro Acidente de Trabalho (SAT), que também deve ser pago e serve para custear os benefícios de aposentadoria especial ou aqueles concedidos em razão de incapacidade laborativa, provenientes dos riscos ambientais do trabalho; seu percentual sobre a folha depende do grau de risco da empresa, tendo todas estas uma classificação de risco, que pode ser leve (1% sobre a folha), médio (2% sobre a folha) ou grave (3% sobre a folha). Além do SAT, há também a contribuição para os chamados terceiros, a qual visa custear os direitos sociais, como educação, saúde, lazer e bem-estar. Os terceiros e respectivos percentuais da contribuição são o SEBRAE (0,6%), o SENAI ou SENAC (1%), o INCRA (0,2%), o Salário-Educação (2,5%) e o SESI ou SESC (1,5%), totalizando 5,8% sobre o total da folha de pagamentos. Para fazermos um rápido exercício, uma empresa que tenha grau de risco alto, pagará 20% da contribuição patronal + 3% do SAT + 5,8% de terceiros, totalizando 28,8% sobre a folha de pagamentos.

- **Empregadores no regime do Simples Nacional**: para as empresas optantes pelo Simples Nacional, não há pagamento do SAT, nem de terceiros, e o INSS já está embutido na alíquota única desse regime. Contudo, as empresas enquadradas em seu anexo IV (Construção Civil, Paisagismo, Portaria e Segurança, Limpeza etc.) devem recolher o INSS patronal e o SAT em guia à parte.

- **Empregado**: o empregado também é contribuinte do INSS e tem o valor descontado em seus salários pelo empregador, que é o responsável por recolhê-lo (pagá-lo) para o governo. O desconto pelo empregador sem o devido recolhimento para o governo caracteriza-se como crime de apropriação indébita previdenciária, prevista na Lei nº 9.983/2020. O percentual a ser descontado do trabalhador depende da sua faixa salarial e está disposta em portaria interministerial do Ministério do Trabalho e Previdência e do Ministério da Economia. A Tabela 5.1 mostra as alíquotas de 2023.

Tabela 5.1   Tabela INSS 2023

Salário de contribuição	Alíquotas (%)	Parcela a deduzir (R$)
Até R$ 1.320,00	7,5	Isento
De R$ 1.320,01 até R$ 2.571,29	9	19,80
De R$ 2.751,30 até R$ 3.856,94	12	96,94
De R$ 3.856,95 até R$ 7.507,49	14	174,08

O valor máximo sobre o qual se pode contribuir, que denominados "teto", é o valor da última faixa da tabela. Então, por exemplo, se um trabalhador receber um salário de R$ 10.000,00, o INSS só é descontado até R$ 7.507,49, considerando a tabela vigente.

Na guia de recolhimento, o empresário deverá recolher o INSS, junto com o SAT, a contribuição para terceiros e o INSS descontado dos salários dos funcionários.

5.2.2 *Imposto de Renda*

O IR incide sobre os salários, deve ser calculado pelo empregador e descontado do salário do empregado. O valor deve ser recolhido para o Governo por meio de guia de arrecadação (DARF).

Para o cálculo do IR, aplica-se a tabela progressiva, cujos valores são demonstrados na Tabela 5.2.

Tabela 5.2   Tabela do Imposto de Renda 2023[1]

Salário	Alíquotas (%)	Parcela a deduzir (R$)
Até R$ 2.112,00	Isento	Isento
De R$ 2.112,01 até R$ 2.826,65	7,5	158,40
De R$ 2.826,66 até R$ 3.751,05	15	370,40
De R$ 3.751,06 até R$ 4.664,68	22,5	651,73
Acima de R$ 4.664,68	27,5	884,96

O cálculo é simples, basta pegar o salário e deduzir o INSS (calculado conforme Seção 5.2.1), sendo possível também deduzir R$ 189,59 por dependente. Depois de feitas as deduções, verifica-se em que faixa o salário restante está situado na Tabela 5.2, então se aplica a alíquota correspondente e, do resultado, deduz-se o valor da parcela indicada na tabela.

Vamos a um exemplo prático: um trabalhador recebe salário de R$ 4.000,00 e tem dois dependentes (filhos):

- **1º passo – calcular o INSS**: pela tabela, temos 14% de alíquota, podendo-se deduzir R$ 174,08 do resultado: 4.000 × 14% = 560 – 174,08 = R$ 385,92.
- **2º passo – calcular o Salário Líquido**: 4.000 – 385,92 (INSS) – 379,18 (2 dependentes – 189,59 × 2) = R$ 3.234,90.
- **3º passo – calcular o IR**: 3.234,90 × 15% (faixa da tabela do IR) = 485,23 – 370,40 (parcela a deduzir) = R$ 114,83.

Este será o valor descontado do funcionário a título de IR e recolhido para o Governo.

---

[1] Modificada a partir de abril de 2023.

5.2.3 Fundo de Garantia por Tempo de Serviço

O FGTS é custeado pelo empregador, que deverá recolher 8% do valor do salário de cada trabalhador. O valor recolhido fica depositado em conta-corrente, de modo individual, na Caixa Econômica Federal.

Se o trabalhador for dispensado sem justa causa, caberá ao empregador recolher 40% sobre o saldo da conta FGTS do trabalhador a título de multa. Nesse caso, o trabalhador sacará o saldo da conta mais a multa.

Caso o trabalhador peça demissão ou seja dispensado por justa causa, só poderá fazer o saque no momento de sua aposentadoria.

5.2.4 Desoneração da Folha de Pagamento

A desoneração da folha de pagamento é um benefício trazido pela Lei nº 12.715/2012, o qual deveria ter acabado em 2014, mas foi sendo prorrogado. A mais recente prorrogação foi por meio da Lei nº 14.288/2021, com previsão de término em 2023. O benefício consiste em permitir que alguns setores da economia, em vez de recolherem o INSS da forma supramencionada (percentual sobre a folha de pagamento), o fazerem recolhendo um percentual sobre o faturamento. Esse percentual vai de 1 a 4,5%, dependendo do setor.

São 17 os setores desonerados: calçados, *call center*, comunicação, confecção/vestuário, construção civil, construção e obras de infraestrutura, couro, fabricação de veículos e carroçarias, máquinas e equipamentos, proteína animal, têxtil, tecnologia da informação (TI), tecnologia de comunicação (TIC), projeto de circuitos integrados, transporte metroferroviário de passageiros, transporte rodoviário coletivo e transporte rodoviário de cargas.

5.3 Documentos e obrigações acessórias

5.3.1 Carteira de Trabalho e Previdência Social

A Carteira de Trabalho e Previdência Social (CTPS) é o documento que todo trabalhador possui e que registra toda a sua vida profissional. Até 2019, era emitida de maneira física pelo Ministério do Trabalho. A partir de 2019, passou a existir a Carteira de Trabalho Digital.

5.3.2 Cadastro Geral de Empregados e Desempregados

O Cadastro Geral de Empregados e Desempregados (CAGED) deve ser enviado por todas as empresas, mensalmente, informando as admissões e demissões realizadas pela empresa. É com o envio dessas informações que o Governo consegue saber a situação de trabalho formal no Brasil: se as empresas estão contratando mais ou se estão demitindo. Isso faz com que o Governo possa criar estratégias para garantir o emprego e manter a economia aquecida.

A partir de 2021, as informações do CAGED passaram a ser incorporadas ao e-Social (do qual trataremos adiante). Contudo, para empresas internacionais que contratam celetistas e para órgãos públicos, o envio das informações ainda deve ser feito pelo portal do CAGED: https://caged.maisemprego.mte. gov.br/portalcaged/paginas/home/home.xhtml.

A falta do envio das informações do CAGED pode gerar multa de 1/3 do salário mínimo, por funcionário, para as empresas.

5.3.3 *Relação Anual de Informações Sociais*

A Relação Anual de Informações Sociais (RAIS), como já diz o nome, deve ser apresentada pelas empresas de forma anual. Criada pelo Decreto nº 76.900/1975, tem por objetivos o "suprimento às necessidades de controle da atividade trabalhista no País, o provimento de dados para a elaboração de estatísticas do trabalho, a disponibilização de informações do mercado de trabalho às entidades governamentais".

A obrigatoriedade é para todas as empresas, inclusive as que não tenham vínculos empregatícios, que devem apresentar, neste caso, a chamada RAIS NEGATIVA. Para as empresas com mais de 10 funcionários, é obrigatório o envio com a utilização de certificado digital, que poderá ser o e-CNPJ ou o e-CPF do representante legal.

Assim como ocorre com o CAGED, para as empresas que enviam o e-Social a RAIS é dispensada.

5.3.4 *Declaração do Imposto sobre a Renda Retido na Fonte*

A Declaração do Imposto sobre a Renda Retido na Fonte (DIRF) deve ser transmitida anualmente pelas empresas para informar os pagamentos feitos a seus colaboradores, desde que tenha havido retenção do IR na fonte (no salário).

Inclusive, é por meio dessa declaração que a Receita Federal cruza as informações com as declarações de IR das pessoas físicas. Se as informações não baterem (as feitas pela PJ com as declaradas pela PF), o contribuinte vai para a chamada "malha fina" e precisará retificar a informação, caso errada, ou acionar a empresa para que a retifique.

A DIRF pode ser entregue pelo departamento pessoal ou pela Contabilidade e, como contém outras informações de retenção, próprias de análise do setor contábil, é este quem acaba por enviá-la à Receita Federal.

5.3.5 Guia de Recolhimento do FGTS e Informações à Previdência Social

A Guia de Recolhimento do FGTS e Informações à Previdência Social (GFIP) é a declaração mensal que contém as informações dos vínculos empregatícios com suas respectivas remunerações.

Desde 1997, todas as empresas passaram a ser obrigadas a informar ao INSS os fatos geradores de contribuições previdenciárias e outras que compõem a base para fins de cálculos e concessão de benefícios previdenciários. Mesmo se não houver recolhimento para o FGTS, a GFIP precisa ser entregue.

5.4 e-Social

Embora pudesse ser tratado como uma obrigação acessória, o e-Social é um importante e complexo projeto do Sped e, sem dúvida, merece uma seção própria. Foi instituído em 2014, por meio do Decreto n° 8.373, embora tenha sido idealizado desde o início do Sped. Foi adiado várias vezes até que, de fato, começasse a funcionar.

É o projeto pelo qual as empresas comunicam ao Governo, de forma unificada, todas as informações relativas a seus trabalhadores, como vínculos, contribuições previdenciárias, folha de pagamento, comunicações de acidente de trabalho, aviso prévio, férias e FGTS.

Trabalham de maneira conjunta no e-Social a Receita Federal, a Caixa Econômica Federal, o INSS e o Ministério do Trabalho. O intuito é eliminar várias das obrigações acessórias apresentadas na seção anterior e unificar informações como:

- Livro Registro de Empregados;
- GFIP;
- CAGED;
- RAIS;
- DIRF;
- CAT;
- PPP;
- FGTS.

A apresentação das informações é feita por eventos, classificados em:

- **Eventos iniciais**: só precisam ser enviados uma vez ou quando houver alteração nas informações, já que são dados cadastrais, como informações da empresa, cadastro dos seus estabelecimentos, cadastro das rubricas, cadastro de lotações, cargos, funções, horários e turnos de trabalho, cadastro inicial dos vínculos etc.
- **Eventos periódicos**: aqueles que ocorrem todos os meses, como a folha de pagamento.
- **Eventos não periódicos**: aqueles que acontecem em decorrência de determinadas situações: admissão de funcionários, comunicado de acidente de trabalho, afastamento temporário, desligamento, alterações de salário, exposição de trabalhadores a agentes nocivos etc.
- **Eventos de saúde**: os relacionados a condições ambientais de trabalho, fatores de risco, insalubridade, periculosidade etc. Esses eventos passaram a ser exigidos, de maneira ampla, recentemente.

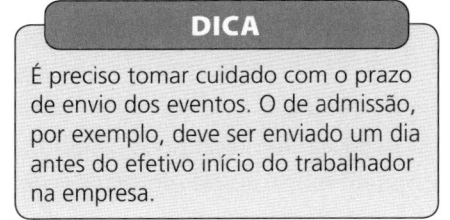

DICA

É preciso tomar cuidado com o prazo de envio dos eventos. O de admissão, por exemplo, deve ser enviado um dia antes do efetivo início do trabalhador na empresa.

A arquitetura do e-Social está representada na Figura 5.1.

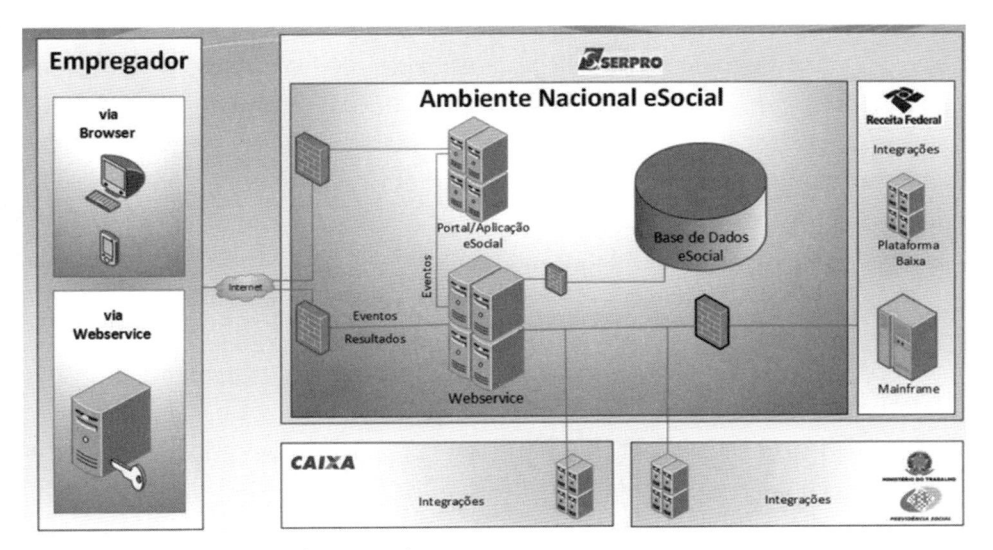

Figura 5.1 Arquitetura do e-Social.

Fonte: Arquitetura e-Social (2023).

Como podemos notar, os dados são gerados na empresa, transmitidos para o ambiente nacional do e-Social e compartilhados com a Caixa Econômica Federal, a Receita Federal, o Ministério do Trabalho e a Previdência Social.

Um ponto muito importante no e-Social, para que as informações dos trabalhadores possam ser enviadas, é a necessidade de o cadastro no CPF e o Cadastro Nacional de Informações Sociais (CNIS) estarem qualificados, ou seja, com as informações corretas e iguais. Caso contrário, o arquivo é rejeitado. Pode parecer simples, mas isso ocorre com muita frequência; por exemplo, uma funcionária se casa e modifica seu nome, faz o acerto no CPF, mas não o faz no CNIS.

Para a obrigatoriedade de envio do e-Social, as empresas foram divididas em quatro grupos:[2]

GRUPO 1 – Empresas com faturamento anual superior a R$ 78.000.000,00 (setenta e oito milhões de reais)

- **Fase 1** (08/01/2018): apenas informações relativas às empresas, ou seja, cadastros do empregador e tabelas.
- **Fase 2** (março/2018): nesta fase, empresas passam a ser obrigadas a enviar informações relativas aos trabalhadores e seus vínculos com as empresas (eventos não periódicos), como admissões, afastamentos e desligamentos.
- **Fase 3** (maio/2018): torna-se obrigatório o envio das folhas de pagamento.
  - Substituição da GFIP (agosto/2018): substituição da GFIP para recolhimento de Contribuições Previdenciárias (ver Instrução Normativa RFB nº 2.005, de 29 de janeiro de 2021, com as alterações da Instrução Normativa RFB nº 2.094, de 15 de julho de 2022).
  - Abril/2023: substituição da GFIP em caso de confissão de dívida relativa a contribuições previdenciárias e contribuições sociais devidas, por lei, a terceiros em decorrência de decisões condenatórias ou homologatórias proferidas pela justiça do trabalho (ver Instrução Normativa RFB nº 2.005/2021).
  - (Data a definir): substituição da GFIP para recolhimento do FGTS (ver Resolução CCFGTS nº 926/2019).
- **Fase 4** (13/10/2021): na última fase, deverão ser enviados os dados de segurança e saúde no trabalho (SST).

---

[2] Dados retirados de https://www.gov.br/esocial/pt-br/noticias/confira-o-novo-calendario-de-obrigatoriedade-do-esocial. Acesso em: 15 maio 2023.

GRUPO 2 – Entidades empresariais com faturamento no ano de 2016 de até R$ 78.000.000,00 (setenta e oito milhões de reais) e que não sejam optantes pelo Simples Nacional

- **Fase 1** (16/07/2018): apenas informações relativas às empresas, ou seja, cadastros do empregador e tabelas.
- **Fase 2** (10/10/2018): nesta fase, empresas passam a ser obrigadas a enviar informações relativas aos trabalhadores e seus vínculos com as empresas (eventos não periódicos), como admissões, afastamentos e desligamentos.
- **Fase 3** (10/01/2019): torna-se obrigatório o envio das folhas de pagamento (de todo o mês de janeiro/2019).
  - Substituição da GFIP (abril/2019): substituição da GFIP para recolhimento de Contribuições Previdenciárias – empresas com faturamento superior a R$ 4,8 milhões (ver Instrução Normativa RFB nº 2.005, de 29 de janeiro de 2021, com as alterações da Instrução Normativa RFB nº 2.094, de 15 de julho de 2022).
  - Outubro/2021: substituição da GFIP para recolhimento de Contribuições Previdenciárias – Demais obrigados, exceto órgãos públicos e organismos internacionais, bem como empresas constituídas após o ano-calendário 2017, independentemente do faturamento (ver Instrução Normativa RFB nº 2.005/2021).
  - Abril/2023: substituição da GFIP em caso de confissão de dívida relativa a contribuições previdenciárias e contribuições sociais devidas, por lei, a terceiros em decorrência de decisões condenatórias ou homologatórias proferidas pela justiça do trabalho (ver Instrução Normativa RFB nº 2.005/2021).
  - (Data a definir): substituição da GFIP para recolhimento do FGTS (ver Resolução CCFGTS nº 926/2019).
- **Fase 4** (10/01/2022): na última fase, deverão ser enviados os dados de SST.

GRUPO 3 – Empregadores optantes pelo Simples Nacional, empregadores pessoa física (exceto doméstico), produtor rural PF e entidades sem fins lucrativos

- **Fase 1** (10/01/2019): apenas informações relativas aos órgãos e às pessoas físicas, ou seja, cadastros dos empregadores e tabelas.

- **Fase 2** (10/04/2019): nesta fase, os entes passam a ser obrigados a enviar informações relativas aos servidores e seus vínculos com os órgãos (eventos não periódicos); e as pessoas físicas, quanto aos seus empregados. Por exemplo: admissões, afastamentos e desligamentos.
- **Fase 3** (19/07/2021): torna-se obrigatório o envio das folhas de pagamento (de todo o mês de janeiro/2020).
    - Substituição da GFIP (outubro/2021): substituição da GFIP para recolhimento de Contribuições Previdenciárias (ver Instrução Normativa RFB nº 2.005, de 29 de janeiro de 2021, com as alterações da Instrução Normativa RFB nº 2.094, de 15 de julho de 2022).
    - Abril/2023: substituição da GFIP em caso de confissão de dívida relativa a contribuições previdenciárias e contribuições sociais devidas, por lei, a terceiros em decorrência de decisões condenatórias ou homologatórias proferidas pela justiça do trabalho (ver Instrução Normativa RFB nº 2.005/2021).
    - (Data a definir): substituição da GFIP para recolhimento do FGTS (ver Resolução CCFGTS nº 926/2019).
- **Fase 4** (10/01/2022): na última fase, deverão ser enviados os dados de SST.

GRUPO 4 – Órgãos públicos e organizações internacionais

- **Fase 1** (21/07/2021): apenas informações relativas aos órgãos, ou seja, cadastros dos empregadores e tabelas.
- **Fase 2** (22/11/2021): nesta fase, os entes passam a ser obrigados a enviar informações relativas aos servidores e seus vínculos com os órgãos (eventos não periódicos). Por exemplo, admissões, afastamentos e desligamentos.
- **Fase 3** (22/08/2022): torna-se obrigatório o envio das folhas de pagamento.
    - Substituição da GFIP (outubro/2022): substituição da GFIP para recolhimento de Contribuições Previdenciárias (ver Instrução Normativa RFB nº 2.005, de 29 de janeiro de 2021, com as alterações da Instrução Normativa RFB nº 2.094, de 15 de julho de 2022).
    - Abril/2023: substituição da GFIP em caso de confissão de dívida relativa a contribuições previdenciárias e contribuições sociais devidas, por lei, a terceiros em decorrência de decisões condenatórias

ou homologatórias proferidas pela justiça do trabalho (ver Instrução Normativa RFB nº 2.005/2021).

- ▪ (Data a definir): substituição da GFIP para recolhimento do FGTS (ver Resolução CCFGTS nº 926/2019)
- • **Fase 4** (01/01/2023): na última fase, deverão ser enviados os dados de SST.

Na Figura 5.2 consta o cronograma de implantação do e-Social, mas todos os detalhes sobre os grupos citados anteriormente podem ser consultados no QRCode ao lado.

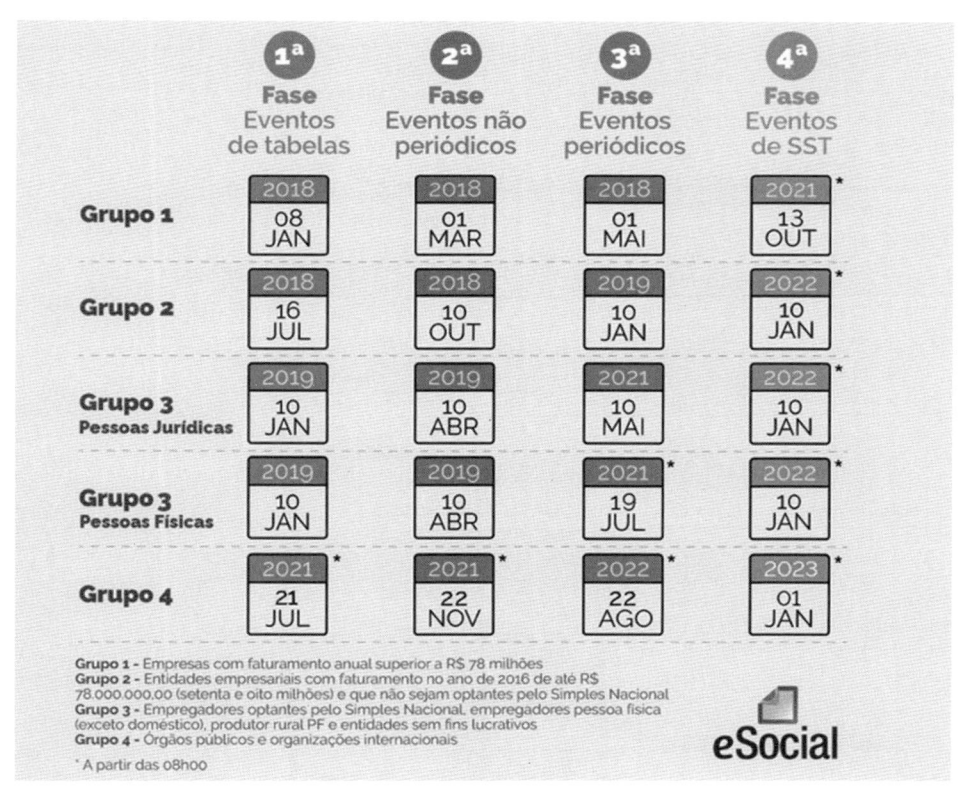

Figura 5.2 Cronograma de implantação do e-Social.

Fonte: e-Social (2023).

5.5 Declaração de Débitos e Créditos Tributários Federais Previdenciários e de Outras Entidades e Fundos

> **DICA**
>
> Isso mesmo, a DCTFWeb é um instrumento de confissão de débitos, portanto de caráter declaratório!

A DCTFWeb substitui a GFIP e a SEFIP, substituirá a DCTF e serve para que o contribuinte confesse débitos de contribuições previdenciárias e de contribuições destinadas a terceiros.

Essa declaração faz uma integração entre o e-Social e a EFD-REINF, apurando automaticamente o saldo a pagar (sem intervenção do contribuinte) (Figura 5.3).

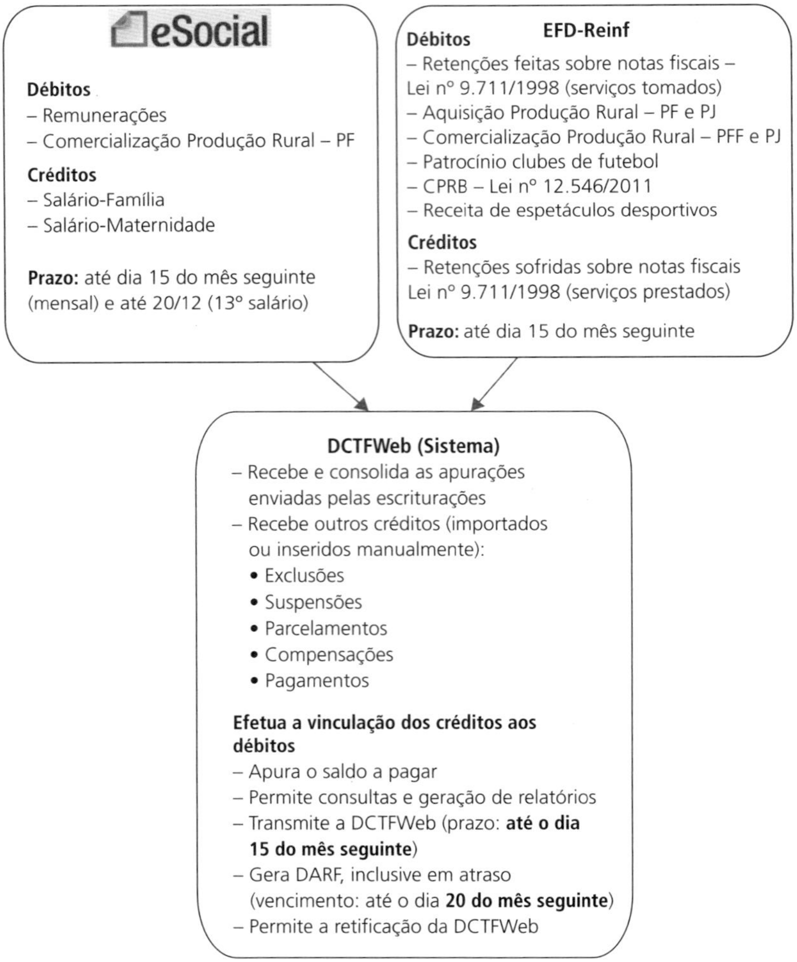

eSocial

Débitos
– Remunerações
– Comercialização Produção Rural – PF

Créditos
– Salário-Família
– Salário-Maternidade

Prazo: até dia 15 do mês seguinte (mensal) e até 20/12 (13º salário)

EFD-Reinf

Débitos
– Retenções feitas sobre notas fiscais – Lei nº 9.711/1998 (serviços tomados)
– Aquisição Produção Rural – PF e PJ
– Comercialização Produção Rural – PFF e PJ
– Patrocínio clubes de futebol
– CPRB – Lei nº 12.546/2011
– Receita de espetáculos desportivos

Créditos
– Retenções sofridas sobre notas fiscais Lei nº 9.711/1998 (serviços prestados)

Prazo: até dia 15 do mês seguinte

DCTFWeb (Sistema)
– Recebe e consolida as apurações enviadas pelas escriturações
– Recebe outros créditos (importados ou inseridos manualmente):
  • Exclusões
  • Suspensões
  • Parcelamentos
  • Compensações
  • Pagamentos

Efetua a vinculação dos créditos aos débitos
– Apura o saldo a pagar
– Permite consultas e geração de relatórios
– Transmite a DCTFWeb (prazo: **até o dia 15 do mês seguinte**)
– Gera DARF, inclusive em atraso (vencimento: até o dia **20 do mês seguinte**)
– Permite a retificação da DCTFWeb

Figura 5.3 Fluxo de Informações DCTFWeb.

Fonte: Receita Federal do Brasil (2023, p. 10).

5.6 Perfil Profissiográfico Previdenciário

O Perfil Profissiográfico Previdenciário (PPP) faz parte do conjunto de informações pertencentes ao grupo de SST. A partir de 2023, passou a ser exclusivamente digital.

Trata-se de um documento histórico-laboral do trabalhador, com informações de dados administrativos, registros ambientais, resultado de monitoração biológica etc. Serve para comprovar as condições para a solicitação de benefícios e serviços previdenciários, como a aposentadoria especial.

5.7 Lei Geral de Proteção de Dados

É muito importante que você conheça essa recente legislação, que vai impactar muito as empresas, de modo especial as pequenas.

Criada em 2018, a LGPD (Lei nº 13.709) entrou em vigor em setembro de 2020 e regula o tratamento de dados pessoais, desde sua coleta, cópia, edição, armazenamento, publicação, impressão, transmissão, até seu processamento e compartilhamento. Visa proteger os interesses e o sigilo das pessoas envolvidas, dando a esses dados segurança de privacidade, transparência, desenvolvimento, proteção do mercado e da livre-concorrência.

Todas as empresas são obrigadas a adaptar-se para garantir a proteção de dados das pessoas com quem ela se relaciona, ou seja, seus funcionários ou terceiros, clientes, fornecedores etc. As multas para violação da LGPD são altíssimas e já começaram a ser regulamentadas; podem chegar a até 2% do faturamento, com o limite de R$ 50.000.000,00. Isso mesmo, 50 milhões de reais!

Ocorre que, para adequação à LGPD, as empresas precisarão fazer profundas modificações em suas estruturas e investimentos em tecnologia e treinamento de pessoas. A lei exige que tenham um responsável, denominado encarregado de dados ou *Data Protection Officer* (DPO).

Marinho (2020), em sua obra *Os 10 mandamentos da LGPD*, aponta um *framework* necessário para empresa:

- manutenção de estrutura de governança;
- manutenção do inventário de dados pessoais e mecanismos de transferência de dados;
- gerenciamento da política interna da privacidade de dados;
- inclusão da privacidade de dados nas operações;
- gerenciamento de um programa de conscientização e treinamento;
- gerenciamento de risco da segurança de informações;

- gerenciamento de risco de terceiros;
- gerenciamento de alertas;
- respostas a solicitações e reclamações de terceiros;
- monitoramento de novas práticas operacionais;
- programa de gerenciamento na perda de dados;
- práticas de manuseio de dados;
- acompanhamento de critérios externos;
- suporte e continuidade da estrutura de privacidade.

Como podemos notar, é uma enorme adequação! E, não tem jeito, desde a menor empresa até a maior, a estrutura é a mesma.

Pouca importância estava sendo dada a essa lei porque ainda não havia a regulamentação das multas. Além disso, havia uma flexibilização por conta da pandemia de Covid-19. Contudo, a regulamentação veio e está disposta na Resolução nº 4, de 27 de fevereiro de 2023, da Agência Nacional de Proteção de Dados (ANPD).

Portanto, é preciso ficar atento. Os escritórios de Contabilidade também têm que se adequar e garantir a segurança de dados pessoais.

5.8 Fluxo de informações

Como vimos, o departamento pessoal é responsável por diversas rotinas e prestação de informações.

Podemos dizer que seu fluxo de informações é o seguinte: lançamento ou integração das informações mensais recebidas, conferência dos dados apurados, elaboração do cálculo da folha de pagamento para envio das obrigações acessórias mensais, como GEFIP/SEFIP (enviado à CEF) e e-Social (enviado à RFB), apuração dos impostos, FGTS, DARF, INSS (DCTFWeb).

Além disso, há o cadastro dos dados para admissão de funcionários, cálculo de férias e cálculo de rescisões, bem como orientação aos clientes e seus funcionários sobre a legislação trabalhista vigente.

REFERÊNCIAS

AGÊNCIA NACIONAL DE PROTEÇÃO DE DADOS (ANPD). *Resolução CD/ANPD nº 4, de 24 de fevereiro de 2023*. Aprova o Regulamento de Dosimetria e Aplicação de Sanções Administrativas. Disponível em: https://www.gov.br/anpd/pt-br/assuntos/noticias/anpd-publica-regulamento-de-dosimetria/Resolucaon4CDANPD24.02.2023.pdf/view. Acesso em: 15 maio 2023.

BRASIL. *Decreto n° 6.022, de 22 de janeiro de 2007*. Institui o Sistema Público de Escrituração Digital – Sped. Disponível em: https://www.planalto.gov.br/ccivil_03/_ato2007-2010/2007/decreto/d6022.htm. Acesso em: 15 maio 2023.

BRASIL. *Decreto n° 8.373, de 11 de dezembro de 2014*. Institui o Sistema de Escrituração Digital das Obrigações Fiscais, Previdenciárias e Trabalhistas – e-Social e dá outras providências. Disponível em: https://www.planalto.gov.br/ccivil_03/_ato2011-2014/2014/decreto/d8373.htm. Acesso em: 15 maio 2023.

BRASIL. *Lei n° 5.172, de 25 de outubro de 1966*. Dispõe sobre o Sistema Tributário Nacional e institui normas gerais de direito tributário aplicáveis à União, Estados e Municípios. Disponível em: https://www.planalto.gov.br/ccivil_03/leis/l5172compilado.htm. Acesso em: 15 maio 2023.

BRASIL. *Lei n° 12.715, de 17 de setembro de 2012*. Altera a alíquota das contribuições previdenciárias sobre a folha de salários devidas pelas empresas que especifica; institui o Programa de Incentivo à Inovação Tecnológica e Adensamento da Cadeia Produtiva de Veículos Automotores, o Regime Especial de Tributação do Programa Nacional de Banda Larga para Implantação de Redes de Telecomunicações, o Regime Especial de Incentivo a Computadores para Uso Educacional, o Programa Nacional de Apoio à Atenção Oncológica e o Programa Nacional de Apoio à Atenção da Saúde da Pessoa com Deficiência; restabelece o Programa Um Computador por Aluno; altera o Programa de Apoio ao Desenvolvimento Tecnológico da Indústria de Semicondutores, instituído pela Lei n° 11.484, de 31 de maio de 2007; altera as Leis n°s 9.250, de 26 de dezembro de 1995, 11.033, de 21 de dezembro de 2004, 9.430, de 27 de dezembro de 1996, 10.865, de 30 de abril de 2004, 11.774, de 17 de setembro de 2008, 12.546, de 14 de dezembro de 2011, 11.484, de 31 de maio de 2007, 10.637, de 30 de dezembro de 2002, 11.196, de 21 de novembro de 2005, 10.406, de 10 de janeiro de 2002, 9.532, de 10 de dezembro de 1997, 12.431, de 24 de junho de 2011, 12.414, de 9 de junho de 2011, 8.666, de 21 de junho de 1993, 10.925, de 23 de julho de 2004, os Decretos-Leis n°s 1.455, de 7 de abril de 1976, 1.593, de 21 de dezembro de 1977, e a Medida Provisória n° 2.199-14, de 24 de agosto de 2001; e dá outras providências. Disponível em: https://www.planalto.gov.br/ccivil_03/_ato2011-2014/2012/lei/l12715.htm. Acesso em: 15 maio 2023.

BRASIL. *Lei n° 13.709, de 14 de agosto de 2018*. Lei Geral de Proteção de Dados Pessoais (LGPD). Disponível em: https://www.planalto.gov.br/ccivil_03/_ato2015-2018/2018/lei/l13709.htm. Acesso em: 15 maio 2023.

BRASIL. *Lei n° 9.983, de 14 de julho de 2020*. Altera o Decreto-Lei n° 2.848, de 7 de dezembro de 1940 – Código Penal e dá outras providências. Disponível em: https://https://www.planalto.gov.br/ccivil_03/leis/l9983.htm#:~:text=L9983&-text=LEI%20No%209.983%2C%20DE%2014%20DE%20JULHO%20DE%202000.&text=Altera%20o%20Decreto%2DLei%20n,Penal%20e%20d%-C3%A1%20outras%20provid%C3%AAncias. Acesso em: 15 maio 2023.

BRASIL. *Lei nº 14.288, de 31 de dezembro de 2021*. Altera a Lei nº 12.546, de 14 de dezembro de 2011, para prorrogar o prazo referente à contribuição previdenciária sobre a receita bruta, e a Lei nº 10.865, de 30 de abril de 2004, para prorrogar o prazo referente a acréscimo de alíquota da Contribuição Social para o Financiamento da Seguridade Social devida pelo Importador de Bens Estrangeiros ou Serviços do Exterior (Cofins-Importação), nos termos que especifica. Disponível em: https://www.planalto.gov.br/ccivil_03/_ato2019-2022/2021/lei/l14288.htm. Acesso em: 15 maio 2023.

BRASIL. e-Social. *Arquitetura e-Social*. Disponível em: https://www.gov.br/trabalho-e-previdencia/pt-br/images/previdencia/2017/12/SERPRO.pdf. Acesso em: 15 maio 2023.

BRASIL. e-Social. *Portal do e-Social*. Disponível em: https://www.gov.br/esocial/pt-br. Acesso em: 15 maio 2023.

FABRETTI, Láudio Camargo. *Contabilidade tributária*. 16. ed. São Paulo: Atlas, 2017.

MARINHO, Fernando. *Os 10 mandamentos da LGPD*. São Paulo: Atlas, 2020.

PÊGAS, Paulo Henrique. *Manual de contabilidade tributária*: 330 questões de múltipla escolha com gabarito. 10. ed. São Paulo: Atlas, 2022.

RECEITA FEDERAL DO BRASIL. *Instrução Normativa RFB nº 1.700 de 14 de março de 2017*. Dispõe sobre a determinação e o pagamento do imposto sobre a renda e da contribuição social sobre o lucro líquido das pessoas jurídicas e disciplina o tratamento tributário da Contribuição para o PIS/Pasep e da Cofins no que se refere às alterações introduzidas pela Lei nº 12.973, de 13 de maio de 2014. Disponível em: http://normas.receita.fazenda.gov.br/sijut2consulta/link.action?idAto=81268. Acesso em: 15 maio 2023.

RECEITA FEDERAL DO BRASIL. *Manual de orientação da DCTFWeb*. 2023. Disponível em: https://www.gov.br/receitafederal/pt-br/centrais-de-conteudo/publicacoes/manuais/manual-dctfweb/manual-dctfweb-fevereiro-2023.pdf/view. Acesso em: 15 maio 2023.

RECEITA FEDERAL DO BRASIL. *Sistema Público de Escrituração Digital – Sped*. Disponível em: http://sped.rfb.gov.br/. Acesso em: 15 maio 2023.

6 Departamento Financeiro

Chalirmpoj Pimpisarn | iStockphoto

OBJETIVOS DO CAPÍTULO

- Compreender o que faz o departamento financeiro
- Conhecer suas principais atividades e controles
- Entender o que é BPO Financeiro
- Aprender o fluxo de informação do departamento

INTRODUÇÃO

Vamos abordar, neste capítulo, o departamento financeiro. Contudo, delimitamos a apresentação aos aspectos mais operacionais, sem a pretensão de abordar questões mais aprofundadas ligadas à administração financeira e orçamentária, como estrutura de capital, matemática financeira e conceitos financeiros mais avançados. Nossa intenção é demonstrar a rotina do departamento no que tange ao controle financeiro da empresa.

Vamos apresentar uma visão interna do departamento, ou seja, se você estiver atuando em um escritório de Contabilidade, estamos falando do financeiro do próprio escritório. Contudo, no caso desses escritórios, novos serviços estão se desenhando, como o BPO Financeiro, ou seja, a terceirização do financeiro de seus clientes. Abordaremos também, neste capítulo, essa nova oportunidade de atuação.

6.1 O que faz o departamento financeiro?

O financeiro é um dos principais, senão o principal departamento de qualquer empresa; afinal, as empresas atuam vendendo, prestando serviços, produzindo e comercializando seus produtos com a finalidade de obter lucro. O departamento financeiro é o que faz a gestão de contas a pagar para fornecedores, contas a receber de clientes, de prazos de pagamento e recebimento, controle bancário, controle de fluxo de caixa, controle orçamentário etc.

As boas práticas do departamento financeiro são a chave do sucesso para a saúde financeira da empresa. Podemos dizer, então, que é o responsável pela gestão de suas finanças.

Sua estrutura depende do porte da empresa. Em pequenas, é comum que um funcionário, ou muitas vezes até mesmo o proprietário, fique responsável por todos esses controles. Já em maiores, a estrutura pode ser bem mais complexa, envolvendo diversos colaboradores, segregando as funções de cada um por atividade desenvolvida.

Em escritórios de Contabilidade também é preciso ter um controle eficaz.

O departamento financeiro interage com todas as áreas da empresa, pois todas têm atividades que acabam dependendo dele. Por exemplo, o departamento de compras precisa de aprovação do financeiro para realizar suas operações. O de vendas automaticamente alimenta, ao vender, o departamento financeiro, seja com a geração de caixa imediato, no caso de vendas à vista, seja na geração do contas a receber, no caso de vendas a prazo.

6.2 Principais atividades

As atividades do departamento financeiro são muitas, vamos passar pelas principais.

6.2.1 Orçamento

O orçamento financeiro ou empresarial é um instrumento de previsão de gastos e arrecadação. Deveria ser feito por todas as empresas, inclusive as pequenas. Contudo, vemos a sua aplicação mais em empresas de médio a grande porte.

Em empresas menores, o orçamento é mais simples de ser elaborado e acompanhado. Já nas empresas maiores, geralmente, se trata da junção do orçamento das diversas áreas da empresa. Por exemplo, o orçamento da área de produção, com o de vendas, o de matérias-primas, o de custos indiretos de fabricação, o de investimentos etc.

Independentemente do tamanho e da complexidade, o que importa é que o orçamento seja feito, porque permite à empresa uma visão do seu planejamento financeiro para determinado período e seu acompanhamento *pari passu*.

Normalmente, sua elaboração é anual. Projetam-se receitas e despesas, com base no histórico da empresa ao longo dos anos, para o ano seguinte. Durante o ano seguinte, o orçamento é alimentado com o que de fato aconteceu e comparado, geralmente mês a mês, com o previsto. Qualquer distorção relevante pode indicar uma ação urgente a ser tomada pela empresa. Por exemplo, corte de gastos, campanhas de *marketing* com a intenção de aumentar as vendas etc.

É muito importante que as empresas tenham um sistema para controle do financeiro, e hoje há no mercado diversas produtoras de *software* com soluções bastante eficazes. Em empresas maiores, o sistema financeiro faz parte do ERP,[1] já integrando informações com todas as áreas. Para as pequenas, tem surgido no mercado várias plataformas para controle, como o Conta Azul, a OMIE, o Quickbooks, entre outras. Muitas delas são bem eficazes e simples de operar e fazem o processo completo, incluindo orçamento, controle bancário, estoque, contas a pagar e receber, geração de informações para Contabilidade etc.

A Tabela 6.1 apresenta um modelo simplificado de orçamento. O modelo apresentado é meramente ilustrativo e sem rigor técnico, apenas para fins didáticos.

Vejamos que na primeira coluna foram projetadas as receitas, os custos e as despesas para o mês de janeiro, prevendo um resultado positivo (lucro) de R$ 18.500,00. Na segunda coluna, alimentou-se o que realmente aconteceu e, como podemos notar, houve uma diferença considerável em relação ao projetado, apresentando-se um resultado bem inferior. Na terceira coluna, a

---

[1] *Software* que integra todos os processos da empresa, podendo ser mais simples ou mais complexo.

variação (diferença) ocorrida entre o planejado e o realizado permite uma clara visualização das diferenças mais relevantes. Nesse caso, é preciso verificar o que aconteceu para resultar em uma distorção tão grande entre o projetado e o realizado e corrigi-la no restante do orçamento até o final do ano.

Tabela 6.1 Modelo simplificado de orçamento

Orçamento Empresarial			
Janeiro			
	Previsão	Realizado	Variação
Receitas			
Vendas	100.000,00	85.000,00	**–15.000,00**
(–) Custo			
Custo de mercadorias	60.000,00	62.000,00	2.000,00
(–) Despesas			
Água	1.000,00	1.200,00	200,00
Luz	500,00	700,00	200,00
Salários	15.000,00	15.000,00	–
Marketing	5.000,00	6.000,00	1.000,00
....			
(=) RESULTADO	18.500,00	100,00	**–18.400,00**

Cabe lembrar que, geralmente, os orçamentos são projetados para o período de um ano. Existem vários modelos e você pode utilizar o que melhor se adequar à empresa.

6.2.2 *Contas a pagar*

O controle de contas a pagar também é função do departamento financeiro e pode até haver uma área própria dentro da organização. Consiste em gerenciar as diversas contas a serem pagas pela empresa durante o mês, realizando-se seu agendamento e posterior pagamento.

Conforme mencionamos, muitas plataformas de mercado, com valores bem acessíveis, podem auxiliar, especialmente as pequenas empresas, na gestão dos seus pagamentos. Muitas delas possuem integração direta com os bancos, fazendo o agendamento automaticamente.

6.2.3 *Contas a receber*

Contas a receber é o nome designado aos valores que a empresa tem para receber, oriundos de suas vendas ou prestações de serviços a prazo. Uma gestão inadequada pode provocar sérios problemas financeiros.

Vários controles podem ser necessários, como a verificação de baixas de boletos nos bancos, a conferência das parcelas a prazo de cartões de crédito etc.

Desses controles, também pode ser necessária a cobrança dos recebimentos em atraso, o que pode ser feito pelo próprio contas a receber do departamento financeiro ou, em caso de empresas maiores, pode haver um setor somente de cobranças. Em alguns casos, esse serviço pode ser terceirizado para empresas especializadas em cobrança.

6.2.4 *Fluxo de caixa*

É importante que, além do orçamento, o financeiro elabore o controle do fluxo de caixa. O fluxo de caixa, geralmente projetado para o período de um mês, é uma previsão diária das entradas e saídas efetivas em caixa e bancos.

Essa previsão é muito importante, porque permite ao gestor financeiro saber exatamente quando haverá recurso sobrando e, assim, poderá aplicá-lo para evitar que fique parado, ou, pelo contrário, saber quando faltará recurso e, assim, agir antecipadamente na captação dessa necessidade de caixa, evitando ter que recorrer a financiamentos mais caros, como o cheque especial.

Um ponto muito importante é que o fluxo de caixa a que nos referimos aqui é o financeiro e nada tem a ver com a Demonstração dos Fluxos de Caixa contábil (DFC). O financeiro trata de uma previsão do fluxo (entradas e saídas) de caixa e o planejamento de possíveis ações. Portanto, é uma previsão, ou seja, ainda não ocorreu. Já a DFC contábil é um demonstrativo para evidenciar a geração e o consumo de caixa de determinado período que já aconteceu.

6.2.5 *Gestão de caixa e bancos*

A rotina de conferência de caixa e bancos deve ser feita diariamente pelo departamento financeiro.

O sistema de caixa e bancos pode ser alimentado de duas formas: pelas informações automáticas de outros sistemas internos (por exemplo, com a baixa de um contas a receber, que já gera a entrada do recebimento no caixa ou no banco); ou manualmente, o que hoje em dia está mais raro (por exemplo, quando é feito um pagamento inesperado, não agendado, o próprio departamento financeiro faz o lançamento no sistema e registra a saída de dinheiro do caixa ou do banco).

Para a conferência do caixa, é necessário que o saldo diário apontado em sistema seja verificado, bem como confrontado com o dinheiro em espécie constante na empresa.

Já para conferência das contas de banco, após os lançamentos diários, quer sejam importados automaticamente, quer sejam alimentados manualmente, é necessário o confronto com os extratos bancários e, então, realiza-se um processo denominado "conciliação bancária". Esse processo é necessário porque, em determinados momentos, os saldos de sistema e extrato não serão iguais. Por exemplo, imaginemos que a empresa emitiu um cheque para determinado pagamento: no sistema, o cheque já foi lançado e o saldo da conta bancária já foi reduzido, porém o cheque não cai imediatamente no banco, existe um prazo de compensação; nesse caso, o saldo do extrato estará maior, porque ainda não houve a saída efetiva do dinheiro.

As plataformas financeiras existentes no mercado já fazem automaticamente a integração com o banco, trazendo os lançamentos do extrato e até mesmo fazendo a conciliação bancária. Além disso, todo esse controle financeiro se integra automaticamente com os *softwares* contábeis existentes. Isso elimina o trabalho repetitivo, financeiro e contábil, reduz o risco de erros e o trabalho manual.

6.3 Escritórios de Contabilidade

O escritório de Contabilidade é uma empresa como qualquer outra e, portanto, também precisa fazer a gestão do seu financeiro. Assim, tudo que descrevemos aqui como atividades de um departamento financeiro também se aplica a esses escritórios.

O que, então, muda ou pode ser diferente? A resposta é, basicamente, controles próprios que não são feitos nas outras empresas, por serem específicos desse tipo de atividade.

Um escritório de Contabilidade presta vários serviços para seus clientes. De maneira geral, são serviços que o cliente terceiriza e que estamos descrevendo neste livro nos diversos departamentos. Os principais são o pessoal, o fiscal e o contábil. Mas vários outros serviços podem ser prestados pelos escritórios contábeis, como:

- gestão de tributos;
- abertura de empresas;

- alteração do Contrato Social;
- baixa de empresas;
- emissão de certidões;
- emissão de 2ª via de guias;
- recálculo de tributos;
- representação em repartições públicas;
- acompanhamento de serviços de cartório;
- consultorias (societária, sucessória, tributária etc.).

Mais recentemente, podemos também elencar os serviços de gestão de recursos humanos (que abordaremos no Capítulo 9) e BPO Financeiro (abordados na Seção 6.4). Portanto, trata-se de uma gama bem extensa e que precisa ser corretamente gerenciada para uma cobrança efetiva e eficaz.

A maioria dos *softwares* contábeis existentes no mercado já contempla um módulo ou um aplicativo à parte para o controle do financeiro dos escritórios de Contabilidade e, normalmente, este se integra aos sistemas dos outros departamentos. Então, caso o escritório realize o serviço de gestão de tributos dos seus clientes, as informações dos tributos gerados nos departamentos pessoal, fiscal e contábil já vão automaticamente para o sistema financeiro, havendo, assim, uma integração importante, que evita que o departamento financeiro precise digitar todos os tributos, cliente por cliente, para fazer a cobrança.

Outro ponto de integração são os serviços extras que os departamentos precisam informar ao financeiro para que sejam cobrados dos clientes (por exemplo, recálculo de guias, ou rescisões, caso sejam serviços cobrados à parte).

6.4 BPO Financeiro

Com o surgimento das plataformas para controlar o financeiro das pequenas e médias empresas, abriu-se um facilitador para que escritórios de Contabilidade prestassem mais um tipo de serviço, a gestão financeira de seus clientes. Isso porque, até então, para fazer isso era necessário que o cliente estivesse informatizado, e os sistemas eram bem caros, especialmente para esses tamanhos de empresa. As novas plataformas financeiras têm um preço bastante acessível, permitem fazer todo o processo financeiro de maneira prática e ágil, integrando-se a bancos e sistemas de Contabilidade. Pronto, está aí o ganho!

Vale lembrar que, justamente por não haver controles informatizados nos clientes, o departamento contábil tinha que digitar os dados e inseri-los na Contabilidade, e, assim, controlava contas a pagar (fornecedores), contas a receber (clientes), caixa, bancos etc. Ora, se o escritório já fazia isso, pode oferecer ao seu cliente a implantação dessas plataformas, realizar os controles financeiros e importar tudo no seu sistema contábil. Há, inclusive, escritórios que até mesmo compram as licenças dessas plataformas e as fornecem gratuitamente para seus clientes, tendo vendido o serviço de BPO Financeiro ou não. Afinal, mesmo não tendo vendido o serviço, se o cliente o implantar e utilizar, as informações poderão ser importadas para a Contabilidade, em alguns casos em tempo real.

Então, aqui pode estar uma oportunidade para os escritórios de Contabilidade (e contadores), quer para ganhar tempo, importando o financeiro dos clientes, quer para vender um serviço novo (gestão do financeiro).

Mas por que o nome BPO Financeiro? BPO é a sigla de *Business Process Outsourcing*, que significa a terceirização de parte do seu processo (atividade). Portanto, BPO Financeiro é a terceirização, pelas empresas, de seu setor financeiro.

A terceirização ou *outsourcing* permite às empresas concentrar-se naquilo que realmente é mais importante, o *core business* (o coração do negócio), podendo dedicar atenção plena à produção, à comercialização, à prestação de serviços e, principalmente, ao atendimento de seu cliente.

Entre as principais vantagens para as empresas em terceirizar o seu departamento financeiro, podemos elencar:

- foco em suas atividades centrais;
- diminuição de desperdícios nas atividades;
- redução de atividades e custos inerentes;
- mais agilidade nas decisões;
- otimização dos serviços e aumento da competitividade;
- maior lucratividade;
- diminuição da ociosidade.

As principais atividades que são desenvolvidas no departamento financeiro das empresas e podem ser terceirizadas são:

- controle de contas a receber;
- emissão de boletos de cobrança;
- agendamento e controle de contas a pagar;
- emissão de notas fiscais;
- conciliação bancária;
- controle de estoque;

- análise de resultados e fluxo de caixa;
- controle da necessidade de capital de giro.

Além dessas atividades, ou até mesmo ao fazer essas atividades, é possível oferecer trabalhos mais sofisticados ao cliente, como análise de resultados, análise do fluxo de caixa e análise da necessidade de capital de giro.

Como o profissional da Contabilidade detém conhecimentos técnicos que envolvem análise financeira, é possível também oferecer uma análise completa com utilização de indicadores e técnicas próprias. E, o mais importante, a maioria dessas plataformas financeiras já dispõe de todas essas ferramentas, gerando relatórios automaticamente.

> **DICA**
>
> É importante que você evite utilizar senhas de acesso a banco dos clientes. Oriente-os a configurar o sistema para que você possa acessar a conta exclusivamente para fazer agendamentos, baixas e determinadas consultas.

Essas atividades mais sofisticadas são muito valorizadas pelos clientes, porque proporcionam a eles uma visão mais ampla e subsídios que os auxiliam no processo de tomada de decisão.

A análise do resultado permite a visualização do desempenho operacional da empresa, ou seja, se ela está tendo lucro ou prejuízo com sua atividade. A análise do fluxo de caixa demonstra se a empresa tem recursos sobrando e pode investi-los temporariamente para não ficarem sem rendimentos ou se, pelo contrário, faltarão recursos financeiros, em determinado momento, e será preciso buscá-los de alguma forma. Já a análise de capital de giro demonstra qual o montante de capital que a empresa necessita para a manutenção das suas atividades do dia a dia.

Portanto, são informações básicas, mas muito importantes, que compõem um conjunto de outras informações e indicadores para o auxílio no processo de tomada de decisão.

6.5 Fluxo de informações

O fluxo de informações do departamento financeiro depende muito do tipo e do porte da empresa. É possível que haja várias configurações de fluxos dessas atividades. Mas, de maneira geral, tudo deve começar no planejamento do orçamento,

> **DICA**
>
> Se você quiser se aprofundar mais em análises financeiras, uma boa dica é o livro *Contabilidade para executivos* (Marion/Cardoso/Rios), publicado pelo GEN | Atlas. Sua abordagem é bem simples e objetiva, pronta para montar modelos rápidos de análise.

que depois de pronto deve ser implantado em um sistema para que, à medida que ocorram lançamentos (sejam manuais, sejam automáticos), vá sendo feito o comparativo com o orçado. Depois, há o orçamento de compras, sua aprovação e automática alimentação no sistema, em estoque e em fornecedores (contas a pagar ou caixa/banco, se à vista), as vendas são registradas em sistemas próprios de frente de caixa (no caso de lojas) ou no sistema de faturamento que alimenta a saída do estoque e o contas a receber (ou caixa/bancos, caso à vista). Todos esses dados alimentam o fluxo de caixa, prevendo as entradas e as saídas de recursos financeiros, dia a dia, para o período de um mês. Diariamente, ocorrem as baixas de contas a pagar e a receber, o fechamento de caixa – confrontado com o saldo em espécie – e o fechamento e a conciliação bancária.

Enfim, podemos notar que, se os sistemas estiverem bem instalados e parametrizados, basta que os lançamentos de operações, como compra e venda/prestação de serviços, sejam feitos para que eles funcionem como uma engrenagem, alimentando todos os controles necessários.

6.5.1 *Fluxo nos escritórios de Contabilidade*

Nos escritórios de Contabilidade, o fluxo básico de informações é o seguinte:

1) Cadastrar os clientes no sistema financeiro.

2) Cadastrar para cada cliente o serviço recorrente e seu respectivo valor.

3) Mensalmente, lançar os serviços extras, para cada cliente, caso existam.

4) Se o escritório faz a gestão de tributos dos clientes, é preciso importar dos sistemas dos departamentos pessoal, fiscal e de Contabilidade essas informações.

5) Fazer o faturamento mensalmente. O sistema puxará automaticamente os valores das mensalidades (recorrentes) e dos lançamentos realizados (extras). As notas fiscais serão geradas, bem como os boletos enviados. O contas a receber será alimentado.

7) Realizar o agendamento de contas a pagar.

8) Diariamente, realizar as baixas de recebíveis, os pagamentos de contas. Fechar o caixa e fazer a conciliação bancária.

Cabe lembrar que essa descrição não é uma regra e pode ser alterada ou adaptada para o que for melhor para a empresa.

REFERÊNCIAS

HOJI, Masakazu. *Administração financeira e orçamentária*: matemática financeira aplicada, estratégias financeiras, orçamento empresarial. 7. ed. São Paulo: Atlas, 2008.

MARION, José Carlos; CARDOSO, Adalberto; RIOS, Ricardo Pereira. *Contabilidade para executivos*. São Paulo: Atlas, 2019.

7 Departamento Contábil

Chalirmpoj Pimpisarn | iStockphoto

OBJETIVOS DO CAPÍTULO

- Entender o que faz o departamento contábil
- Conhecer suas principais atividades e obrigações acessórias
- Compreender a apuração pelo Lucro Real, bem como a distinção entre Contabilidade Societária e os aspectos fiscais
- Aprender o fluxo de informação do departamento

INTRODUÇÃO

O departamento contábil é, praticamente, o que reúne as informações de todos os outros e as transforma no produto final da nossa profissão contábil, ou seja, os relatórios (demonstrativos contábeis) que refletem a situação econômica, financeira e patrimonial das empresas. Mas, como dissemos no início do livro, no Brasil, a Contabilidade é muito demandada pelo Fisco. Dessa maneira, o departamento contábil também tem inúmeras exigências fiscais e tributárias que precisam ser cumpridas, além de realizar os fechamentos para a geração dos demonstrativos.

Portanto, lembremos que a tecnologia da informação é muito importante para auxiliar-nos a cumprir, de maneira mais ágil e eficaz, essas tarefas fiscais.

É preciso também que você tenha sempre em mente o perfil do profissional da Contabilidade que mencionamos no Capítulo 2. Ele precisa estar alinhado com sua atuação. Ainda que esta seja, em grande parte, para atendimento a essas questões fiscais, o cenário está se modificando rapidamente e é preciso distinguir bem a Contabilidade em sua acepção maior e as questões fiscais (especialmente a interferência destas na Contabilidade).

Vamos conhecer esse importante departamento e suas principais atividades.

7.1 O que faz o departamento contábil?

Como bem sabemos, a Contabilidade tem, além da função de mensurar, registrar e informar (divulgar), um papel social muito importante. Afinal, é com base em seus relatórios e demonstrativos que muitos de seus usuários tomam decisões (por exemplo, os investidores decidem, com base nos demonstrativos, se investirão ou não em determinada empresa; os fornecedores decidem se podem dar crédito e quanto; do mesmo modo, os bancos; e assim por diante).

Independentemente do modo como é feito, se utilizando mais ou menos tecnologia, seu papel ainda é o de bem informar. E, portanto, o foco são seus relatórios, pois são divulgados e utilizados pelos diversos usuários da Contabilidade.

Contudo, conforme já explicamos, o departamento contábil não fica limitado a essa atividade, que seria seu propósito maior, mas tem que atender também a outras demandas, especialmente as de natureza fiscal.

Vejamos, então, as atividades inerentes a sua essência e depois passaremos pelas questões tributárias ligadas ao departamento.

7.2 Relatórios contábeis

Evidentemente, antes de chegarmos aos relatórios, é preciso processar todas as informações e movimentações que ocorrem na empresa. Não vamos voltar ao débito e crédito dos bancos escolares; focaremos, nesse momento, no processamento dessas informações na Contabilidade.

7.2.1 Fontes das informações

As informações processadas pela Contabilidade para geração dos relatórios (demonstrativos contábeis) podem vir de vários lugares, conforme apresentado no Quadro 7.1.

DICA

Se você quiser se aprofundar mais nas Demonstrações Contábeis, um excelente livro é *Contabilidade Empresarial e Gerencial* (Marion), publicado pelo GEN | Atlas.

Quadro 7.1 Fontes de informação para Contabilidade

Departamento	Informação
Departamento fiscal	• Registro das entradas (compras de matéria-prima, insumos, compras de mercadoria para revenda, material de uso/consumo, aquisição de imobilizados e outros ativos etc.) • Registro de saídas (vendas, remessas de mercadorias) • Registro de prestação de serviços (serviços prestados) • Registro de serviços tomados • Apuração dos impostos
Departamento pessoal	• Folha de pagamento mensal • Apuração dos impostos • Provisão para férias e 13º salário
Departamento financeiro	• Pagamentos de fornecedores • Recebimentos de clientes • Controle de contas a pagar • Controle de contas a receber • Controle de caixa • Controles bancários já conciliados/aplicações financeiras • Controle do estoque • Contratos de financiamento etc.

Veja que as grandes fontes de informações, senão todas, vêm dos departamentos que já mencionamos neste livro e, portanto, é imprescindível que os sistemas deles estejam integrados. Dessa maneira, toda informação gerada em um sistema de determinado departamento pode ir automaticamente para o sistema contábil.

Essa já é uma realidade na execução dos serviços contábeis, à exceção do departamento financeiro, que depende de uma integração direta com o cliente, o que torna o processo mais difícil. Contudo, conforme mencionamos no capítulo anterior, hoje existem soluções no mercado para esse problema.

Portanto, cada vez há menos espaço para digitação de dados no sistema contábil, talvez um lançamento ou outro no fechamento. Isso precisa ser uma realidade, a fim de que, além de estarmos atualizados e aproveitarmos tudo que a tecnologia nos proporciona, tenhamos agilidade para entregar os relatórios de maneira tempestiva e, assim, auxiliar nossos clientes na tomada de decisões.

7.2.2 Balanço Patrimonial

O Balanço Patrimonial é um dos principais demonstrativos contábeis; apresenta, de forma estática, a situação patrimonial das empresas. Divide-se em Ativo, Passivo e Patrimônio Líquido (PL), e estes são divididos em grupos: Ativo – Ativo Circulante e Ativo não Circulante (Realizável a Longo Prazo, Investimentos, Imobilizado e Intangível); Passivo – Passivo Circulante e Passivo não Circulante.

7.2.3 Demonstração do Resultado do Exercício

A Demonstração do Resultado do Exercício (DRE) tem por objetivo apresentar o resultado do desempenho operacional da empresa. É apresentada de forma dedutiva, ou seja, parte-se das receitas e deduzem-se os custos e as despesas, chegando-se assim ao resultado, que, se positivo, é denominado "lucro" e, se negativo, é denominado "prejuízo".

A DRE evidencia o resultado contábil. Contudo, este nem sempre é igual ao resultado financeiro.

7.2.4 Demonstração de Lucros ou Prejuízos Acumulados

A Demonstração de Lucros ou Prejuízos Acumulados (DLPA) evidencia a movimentação na conta lucros ou prejuízos acumulados. Funciona como um instrumento de integração entre o Balanço Patrimonial e a Demonstração do Resultado do Exercício, permitindo que se visualize com clareza o destino do lucro, já que isso nem sempre é possível no Balanço nem na DRE.

7.2.5 Demonstração das Mutações do Patrimônio Líquido

A Demonstração das Mutações do Patrimônio Líquido (DMPL) evidencia a movimentação ocorrida em todas as contas do PL durante o exercício. Todos os acréscimos e diminuições no PL são evidenciados por meio dessa demonstração, bem como a formação e a utilização das reservas (inclusive aquelas não originadas por lucro). É mais completa e abrangente que a DLPA.

7.2.6 Demonstração dos Fluxos de Caixa

A Demonstração dos Fluxos de Caixa (DFC) foi criada justamente para evidenciar a geração e a aplicação de caixa nas empresas. É possível fazer a conciliação com o resultado, o que resolve o problema de evidenciação da diferença temporal entre o resultado da DRE e o valor em caixa na empresa. De acordo com a Lei nº 11.638, de 2007, a Demonstração dos Fluxos de Caixa deve ser separada, no mínimo, em três diferentes fluxos: das operações, dos financiamentos e dos investimentos.

7.2.7 Demonstração do Valor Adicionado

A Demonstração do Valor Adicionado (DVA) evidencia a geração e a distribuição da riqueza em uma empresa. É uma demonstração muito importante e cumpre um papel no esclarecimento dos componentes geradores do valor adicionado à distribuição entre empregados, financiadores, acionistas, governo e outros, bem como à parcela retida para reinvestimento.

7.3 Lucro Real

Conforme mencionamos no Capítulo 4 – Departamento Fiscal, precisamos aprofundar-nos um pouco no conhecimento da apuração do Imposto Sobre a Renda das Pessoas Jurídicas (IRPJ) e da Contribuição Social (CSLL) pelo regime do Lucro Real, e nada melhor do que fazer isso neste capítulo sobre a Contabilidade, uma vez que é a base para essa apuração.

São dois aspectos que precisamos separar e entender:

1) O Lucro Real é um regime tributário.
2) As regras tributárias para apuração do IRPJ e da CSLL são dispostas na legislação e **não devem** ser confundidas com as normas contábeis, tampouco interferir na Contabilidade.

Vamos, primeiramente, falar sobre as regras fiscais em relação a esse regime.

Importante, inicialmente, entender o conceito de Lucro Real, porque embora pareça que se trata do Lucro Contábil a ser tributado, isso não é verdade. Existem despesas que a empresa faz que o Fisco não aceita para dedução da base de cálculo dos impostos; são as chamadas "despesas indedutíveis". Existem também algumas receitas que não são tributadas e podem ser excluídas da base de cálculo.

Dessa maneira, podemos dizer que Lucro Real é o Lucro Contábil (apurado pela Contabilidade) + adições (as despesas que são indedutíveis) – exclusões (receitas não tributadas). Por isso, é preciso ficar bem claro que Lucro Contábil é uma coisa (resultado apurado pela Contabilidade) e Lucro Real é um resultado fiscal (serve de base para pagar o IRPJ e a CSLL, com as regras permitidas pela legislação tributária).

São despesas indedutíveis: provisões – exceto férias – 13º salário, perdas no recebimento de créditos (desde que obedecendo limites estabelecidos), perda de estoque (editoras e distribuidoras de livros); brindes; multas por transgressões a normas de natureza não tributária; doações; depreciação de bem que tenha sido objeto de depreciação acelerada a título de incentivo fiscal; resultado negativo da avaliação, pela equivalência patrimonial de investimentos relevantes em sociedades coligadas ou controladas; despesas com alimentação de sócios, acionistas e administradores etc.

Podem ser excluídos da base de cálculo: depreciação acelerada incentivada; resultado positivo da avaliação, pela equivalência patrimonial, de investimentos relevantes em sociedades coligadas ou controladas; reversão de provisões; lucros e dividendos recebidos de participações societárias não sujeitos à avaliação pela equivalência patrimonial.

Vamos a um simples exemplo: determinada empresa tem um Lucro Contábil no valor de R$ 100.000,00. Contudo, houve uma despesa no período referente a uma multa de trânsito, no valor de R$ 1.000,00. A DRE[1] estava assim disposta:

DRE	
Receitas	150.000,00
(–) Despesas	(49.000,00)
(–) Despesa com multa de trânsito[2]	(1.000,00)
(=) Lucro Contábil	100.000,00

Verifica-se, portanto, que o lucro apurado pela Contabilidade é, de fato, R$ 100.000,00, e sobre esse valor deveriam incidir os impostos (IRPJ e CSLL); contudo, como vimos, multa de trânsito não é aceita para fins de dedução. Assim, é necessário fazer um ajuste:

---

[1] Para fins didáticos, sem rigor técnico.
[2] Segregada para fins didáticos.

Lucro Real	
Lucro Contábil	100.000,00
+ Adições	
Multas de trânsito	1.000,00
(–) Exclusões	
[...]	
(=) Lucro Real	101.000,00

Vejam que, dessa maneira, a multa foi somada novamente no lucro (uma vez que havia sido deduzida na Contabilidade), aumentando assim a base de cálculo (Lucro Real) para o pagamento dos impostos.

As demais regras do Lucro Real estão dispostas no Capítulo 4 – Departamento Fiscal.

Continuando nossa explicação sobre os ajustes ao lucro, mencionamos que as normas contábeis não podem ser confundidas com as regras fiscais (tributárias). Precisamos fazer uma segregação clara entre Contabilidade e a aplicação de suas normas e apuração do Lucro Real para fins de cálculo dos impostos.

Vejamos que, para ajustar o lucro (fazer adições e exclusões), o fizemos de maneira apartada da Contabilidade, mantendo, nos registros contábeis, a apuração real. E assim deve ser. Esses ajustes devem ser feitos em dois livros: o Livro de Apuração do Lucro Real (LALUR), para os ajustes do lucro para fins de cálculo do Imposto de Renda (IR); e o Livro de Apuração da Contribuição Social (LACS), para fins de apuração da base de cálculo da CSLL.

Como vimos no Capítulo 1 – Profissão Contábil, no Brasil houve uma completa troca do arcabouço de normas contábeis em razão do processo de conformação às normas internacionais. Pois bem, essa mudança de normas contábeis acaba afetando o reconhecimento de receitas e despesas, em alguns casos, o que também afeta o resultado que deverá ser ajustado para o Lucro Real.

Portanto, a legislação tributária não aceitou várias das novas normas contábeis. Inicialmente, em 2008, criou um Regime Tributário Transitório, que permitiu que as empresas optassem em seguir as regras tributárias antigas ou apurar o resultado com base na aplicação plena das novas normas contábeis. Contudo, essa permissão foi somente até 2010. A partir de 2011, todas as empresas que apuravam o Lucro Real deveriam, obrigatoriamente, eliminar os efeitos da aplicação das novas normas. Entretanto, isso deveria ser feito em um programa chamado FCONT, com a realização de lançamentos com débitos e créditos. Imaginem o trabalho! E assim foi até 2013, quando uma medida provisória quase criou a obrigatoriedade de haver duas contabilidades, uma com fins societários e outra para o Fisco. Entretanto, ela foi reformulada e transformou-se na Lei nº 12.973/2014, criando a Escrita Contábil Fiscal (ECF), que veremos mais adiante e que nada mais é do que o ajuste do lucro, de forma digital.

> **DICA**
>
> Recomendamos os livros *Manual de contabilidade tributária* (Pêgas) e *Contabilidade tributária* (Fabretti), publicados pelo GEN | Atlas para que você aprofunde os estudos em Lucro Real.

Esse foi um marco importante, pois segregou a Contabilidade Societária da apuração do Lucro Real para fins de tributação. A Contabilidade pode ser efetuada com a aplicação de todas as normas contábeis e deve ser apresentada na Escrita Contábil Digital (ECD), que abordaremos mais adiante.

A apuração do Lucro Real é complexa e envolve muitas outras peculiaridades, como incentivos fiscais, adicional do IR etc. Como não é objetivo deste livro aprofundar-se em questões tributárias, seguiremos com as principais obrigações acessórias do setor.

7.4 Escrita Contábil Digital

A ECD é um projeto do Sistema Público de Escrituração Digital (Sped) e substitui os Livros Diário e Razão, em papel, por arquivos digitais transmitidos para o Sped. A ECD deve ser assinada com certificado digital. O registro dos livros também ocorre de forma digital, garantindo, assim, que estejam nos padrões estabelecidos pelo Departamento Nacional de Registro do Comércio (DNRC).

A ECD é obrigatória para:

a) pessoas jurídicas optantes pelo Lucro Real;

b) pessoas jurídicas optantes pelo Lucro Presumido, somente se distribuíram parcela de lucros ou dividendos, sem retenção de IR na fonte, superior à base de cálculo do imposto, diminuída dos impostos e contribuições a que estiver sujeita;

c) pessoa jurídica imune ou isenta que esteja obrigada, no ano anterior, à entrega da EFD-Contribuições;

d) Sociedades em Conta de Participação (SCP), como livros auxiliares do sócio ostensivo.

As demais empresas não enquadradas na obrigatoriedade podem opcional-mente aderir à ECD.

Atualmente, os *softwares* contábeis já estão prontos para gerar os arquivos para que sejam importados automaticamente na ECD. Os termos de abertura e encerramento lavrados pela Junta Comercial também serão transmitidos à empresa, junto com o protocolo de envio.

A ECD deve ser entregue anualmente, sempre no último dia útil do mês de junho. A exceção ocorre apenas quando houver fusão, cisão total ou parcial, incorporação e extinção; nesses casos, o prazo de entrega é o último dia útil do mês seguinte à ocorrência do fato.

O Conselho Federal de Contabilidade publicou o Comunicado Técnico Geral (CTG) 2001, que define as formalidades da escrituração contábil em forma di-gital para fins de atendimento ao Sped. Lá está estabelecido o detalhamento dos procedimentos a serem observados, permanecendo os ditames gerais de escrituração contidos na Interpretação Técnica Geral (ITG 2000).

De maneira geral, as regras são as mesmas. Destacamos a seguir os pontos que apresentam diferenciações:

- **Lançamento contábil**: deve ter como origem um único fato contábil e conter:
  a) um registro a débito e um registro a crédito; ou
  b) um registro a débito e vários registros a crédito; ou
  c) vários registros a débito e um registro a crédito; ou
  d) vários registros a débito e vários a crédito, quando relativos ao mesmo fato contábil.
- **Plano de contas**: se não adotar o plano de contas da Receita Federal, será preciso, em um primeiro momento, que seja feito um "de-para", do plano da empresa para o da Receita.
- **Demonstrações contábeis**: o balanço e as demonstrações contábeis de encerramento de exercício devem ser inseridos no Livro Diário, deven-do ser assinados de forma digital, pela entidade e pelo profissional da Contabilidade.
- **Livros Diário e Razão**: são constituídos de um conjunto único de informa-ções das quais eles se originam. Dentro do livro eletrônico e a depender dos sistemas utilizados pela empresa, o Livro Razão só será necessário caso os lançamentos contábeis agrupem transações. Nesses casos, será

necessário escriturar um Razão para descrever o detalhe das transações agrupadas.

Os tipos de escrituração eletrônica disponíveis na ECD são:

- G – Livro Diário (completo sem escrituração auxiliar).
- R – Livro Diário com Escrituração Resumida (com escrituração auxiliar).
- A – Livro Diário Auxiliar ao Diário com Escrituração Resumida.
- B – Livro Balancetes Diários e Balanços.
- Z – Razão Auxiliar.

De maneira geral, opta-se pela escrituração tipo G, Livro Diário completo.

7.5 Escrita Contábil Fiscal

A ECF também faz parte do projeto Sped. Engloba os dados da ECD e os ajustes fiscais com o LALUR e a LACS. Vejamos sua estrutura no Quadro 7.2.

Quadro 7.2 Estrutura da Escrita Contábil Fiscal

ECF (Composição)
ECF anterior (saldo inicial)
Dados da ECD
Ajustes (LALUR e LACS)
Saldos finais

O resultado encontrado na ECF, como já mencionamos, será o Lucro Real ou Lucro Fiscal.

A ECF é obrigatória para todas as pessoas jurídicas, inclusive as equiparadas. No caso de pessoas jurídicas que tenham sido sócias ostensivas de SCP, a ECF deverá ser transmitida separadamente, para cada SCP, além da transmissão da ECF da sócia ostensiva.

Estão dispensadas da apresentação as empresas optantes pelo Simples Nacional, as empresas inativas, os órgãos públicos, as autarquias e as fundações públicas.

O prazo de envio da ECF é o último dia útil do mês de julho do ano seguinte ao ano-calendário a que se refira. Para eventos especiais, como cisão, fusão e incorporação, é o último dia útil do terceiro mês subsequente ao do evento.

Caso esses eventos especiais ocorram de janeiro a abril do ano-calendário, o prazo será o último dia útil do mês de julho do referido ano.

7.6 Outras obrigações acessórias do setor

Além das duas principais obrigações acessórias supramencionadas, ainda existem outras declarações periódicas que o departamento contábil deve transmitir para o Fisco.

7.6.1 *Declaração de Débitos e Créditos Tributários Federais*

A Declaração de Débitos e Créditos Tributários Federais (DCTF) é uma das principais declarações enviadas ao Fisco pela Contabilidade. Deve ser apresentada mensalmente por todas as pessoas jurídicas.

A DCTF informa todos os tributos e as contribuições federais apurados pela empresa em cada mês. Deve ser transmitida até o 15° dia útil do segundo mês subsequente ao mês de ocorrência do fato gerador, por meio de um programa que deve ser baixado do *site* da Receita Federal, denominado "Receitanet".

Importante ressaltar que sua entrega tem efeito declaratório e, portanto, representa confissão de dívida.

7.6.2 *Declaração de Informações Socioeconômicas e Fiscais*

A Declaração de Informações Socioeconômicas e Fiscais (DEFIS), destinada às empresas optantes pelo Simples Nacional, deve ser entregue anualmente.

Essa declaração pode também ser entregue pelo departamento fiscal; contudo, como possui várias informações de natureza econômica, cujos dados estão na Contabilidade, geralmente se opta que a entrega seja feita pelo departamento contábil.

O prazo para entrega é sempre no final de março do ano subsequente.

As informações que devem ser apresentadas são:

a) ganhos de capital;

b) quantos empregados havia no início do período de apuração, ou seja, início do ano;

c) quantos empregados havia no final do período, ou seja, fim do ano;

d) Lucro Contábil, ou seja, se a receita do negócio for maior que os custos;

e) dados pessoais e rendimentos dos sócios;

f) saldo em caixa ou em conta bancária no início e no fim do período, ou seja, no início e no fim do ano;

g) total de despesas da empresa no período, ou seja, ao longo do ano;

h) mudança de endereço, caso tenha ocorrido.

Seu preenchimento é feito no Programa Gerador do Documento de Arrecadação Simples Nacional (PGDAS-D), que fica disponível no *site* da Receita Federal. É possível também importar dados direto do *software* contábil.

7.6.3 Declaração de Informações sobre Atividades Imobiliárias

A Declaração de Informações sobre Atividades Imobiliárias (DIMOB) deve ser apresentada até o último dia útil de fevereiro, referente ao ano anterior. Estão obrigadas a entregar a declaração as pessoas jurídicas e equiparadas que:

a) comercializarem imóveis que houverem construído, loteado ou incorporado para esse fim;

b) intermediarem aquisição, alienação ou aluguel de imóveis;

c) realizarem sublocação de imóveis;

d) constituídas para a construção, administração, locação ou alienação do patrimônio próprio, de seus condôminos ou sócios.

Na declaração, devem ser informadas todas as operações de construção, incorporação, loteamento e intermediação de aquisições/alienações, no ano em que foram contratadas; e os pagamentos efetuados no ano, discriminados mensalmente, decorrentes de locação, sublocação e intermediação de locação, independentemente do ano em que a operação foi contratada.

7.6.4 Declaração de Serviços Médicos e de Saúde

Devem apresentar a Declaração de Serviços Médicos e de Saúde (DMED):

a) as pessoas jurídicas, ou as equiparadas nos termos da legislação do IR, prestadoras de serviços de saúde (os serviços prestados por psicólogos, fisioterapeutas, terapeutas ocupacionais, fonoaudiólogos, dentistas, hospitais, laboratórios, serviços radiológicos, serviços de próteses ortopédicas e dentárias e clínicas médicas de qualquer especialidade, bem como os prestados por estabelecimento geriátrico classificado como hospital pelo Ministério da Saúde e por entidades de ensino destinados à instrução de deficiente físico ou mental são considerados serviços de saúde para fins legais);

b) as operadoras de planos privados de assistência à saúde autorizadas pela Agência Nacional de Saúde Suplementar (ANS), assim consideradas as pessoas jurídicas de direito privado, constituídas sob a modalidade de sociedade civil ou comercial, cooperativa, administradora de benefícios ou entidade de autogestão; e

c) a partir de 01/01/2021, as demais entidades que mantenham programas de assistência à saúde ou operem contrato de prestação continuada de serviços ou cobertura de custos assistenciais, com a finalidade de garantir a assistência à saúde, por meio de assistência médica, hospitalar ou odontológica, ainda que não subordinadas às normas e à fiscalização da ANS.

As informações a serem prestadas na DMED são os pagamentos recebidos por pessoas jurídicas (ou pessoa física equiparada) prestadoras de serviços de saúde e operadoras de planos privados de assistência à saúde. A entrega é anual, até o último dia útil de fevereiro, referente às informações do ano anterior.

A DMED é uma excelente fonte de informação para que a Receita Federal cruze com as despesas de saúde informadas na declaração de IR das pessoas físicas. Geralmente é enviada pelo departamento contábil, podendo também ser enviada pelo departamento fiscal.

7.6.5 *Declaração de Imposto de Renda Retido na Fonte*

Como já mencionamos, a Declaração de Imposto de Renda Retido na Fonte (DIRF) pode ser entregue pelo departamento contábil ou pelo departamento pessoal. Contudo, como contém informações de retenções de IR de outras fontes, que não somente salários e pró-labores, é mais apropriado que o departamento contábil faça o envio.

A DIRF é uma declaração realizada pela fonte pagadora, informando pagamentos feitos para pessoas físicas ou jurídicas, em que tenha havido retenção de IR na fonte (no momento do pagamento). Sua entrega é anual, e o prazo é o último dia útil do mês de fevereiro de cada ano.

Nela devem ser informados:

a) os rendimentos pagos a pessoas físicas domiciliadas no País;

b) o imposto sobre a renda e contribuições retidos na fonte, dos rendimentos pagos ou creditados para seus beneficiários;

c) o pagamento, crédito, entrega, emprego ou remessa a residentes ou domiciliados no exterior;

d) os pagamentos a plano de assistência à saúde – coletivo empresarial.

7.7 Fluxo de informações

O departamento contábil acaba dependendo de praticamente todos os setores da empresa, pois é nele que se processam e consolidam as transações.

Seu fluxo é bem simples, mas é preciso que os departamentos financeiro, pessoal e fiscal processem e encerrem seu trabalho para que o departamento contábil realize a escrituração contábil, que pode ser por meio de digitação – o que não é mais recomendado – ou por meio de integrações automáticas entre os sistemas e importações por fontes de informação necessárias para sua realização.

Após essa etapa, ocorrem as conciliações: bancária, cartões de crédito, contas a pagar e receber, estoque etc. Posteriormente, são executadas as rotinas de encerramento do período e geração dos demonstrativos contábeis. São realizadas conferências e análises.

Além disso, são entregues, na correta periodicidade, as obrigações acessórias e são apurados o IRPJ e a CSLL para as empresas optantes pelo Lucro Real.

É muito importante salientar que o que descrevemos aqui ainda é, de certa maneira, um processo mais operacional, relacionado ao fazer e à produção de demonstrativos e cumprimento de obrigações para o Fisco.

O ideal é que, após essa etapa, sejam feitas outras, relacionadas à análise das demonstrações contábeis, geração de dados para a elaboração de *business intelligence* (BI), reunião com o cliente para apoio à tomada de decisão, preparação de planejamento estratégico, enfim tudo aquilo que descrevemos no Capítulo 2 – Perfil do Profissional Moderno deste livro e que delineia o novo perfil do profissional da Contabilidade. Assim, valoriza-se o trabalho, ressalta-se a importância do profissional da Contabilidade e o seu verdadeiro papel de parceiro do negócio.

Outros trabalhos mais sofisticados podem derivar das funções do departamento contábil, como *valuation* de empresas, planejamento empresarial, apoio ao planejamento tributário, auditoria, perícia, controladoria etc.

REFERÊNCIAS

BRASIL. *Lei nº 11.638, de 28 de dezembro de 2007*. Altera e revoga dispositivos da Lei nº 6.404, de 15 de dezembro de 1976, e da Lei nº 6.385, de 7 de dezembro de 1976, e estende às sociedades de grande porte disposições relativas à elaboração e divulgação de demonstrações financeiras. Disponível em: https://www.planalto.gov.br/ccivil_03/_ato2007-2010/2007/lei/l11638.htm#:~:text=Lei%20n%C2%BA%2011.638&text=LEI%20N%C2%BA%2011.638%2C%20DE%2028%20DE%20DEZEMBRO%20DE%202007.&text=Altera%20e%20revoga%20dispositivos%20da,e%20divulga%C3%A7%C3%A3o%20de%20demonstra%C3%A7%C3%B5es%20financeiras. Acesso em: 16 maio 2023.

BRASIL. *Lei nº 12.973, de 13 de maio de 2014.* Altera a legislação tributária federal relativa ao Imposto sobre a Renda das Pessoas Jurídicas – IRPJ, à Contribuição Social sobre o Lucro Líquido – CSLL, à Contribuição para o PIS/Pasep e à Contribuição para o Financiamento da Seguridade Social – Cofins; revoga o Regime Tributário de Transição – RTT, instituído pela Lei nº 11.941, de 27 de maio de 2009; dispõe sobre a tributação da pessoa jurídica domiciliada no Brasil, com relação ao acréscimo patrimonial decorrente de participação em lucros auferidos no exterior por controladas e coligadas; altera o Decreto-Lei nº 1.598, de 26 de dezembro de 1977 e as Leis nºs 9.430, de 27 de dezembro de 1996, 9.249, de 26 de dezembro de 1995, 8.981, de 20 de janeiro de 1995, 4.506, de 30 de novembro de 1964, 7.689, de 15 de dezembro de 1988, 9.718, de 27 de novembro de 1998, 10.865, de 30 de abril de 2004, 10.637, de 30 de dezembro de 2002, 10.833, de 29 de dezembro de 2003, 12.865, de 9 de outubro de 2013, 9.532, de 10 de dezembro de 1997, 9.656, de 3 de junho de 1998, 9.826, de 23 de agosto de 1999, 10.485, de 3 de julho de 2002, 10.893, de 13 de julho de 2004, 11.312, de 27 de junho de 2006, 11.941, de 27 de maio de 2009, 12.249, de 11 de junho de 2010, 12.431, de 24 de junho de 2011, 12.716, de 21 de setembro de 2012, e 12.844, de 19 de julho de 2013; e dá outras providências. Disponível em: https://www.planalto.gov.br/ccivil_03/_ato2011-2014/2014/Lei/L12973.htm. Acesso em: 16 maio 2023.

CONSELHO FEDERAL DE CONTABILIDADE. *CTG 2001 (R3).* Define as formalidades da escrituração contábil em forma digital para fins de atendimento ao Sistema Público de Escrituração Digital (Sped). Disponível em: https://www1.cfc.org.br/sisweb/SRE/docs/CTG2001(R3).pdf. Acesso em: 16 maio 2023.

CONSELHO FEDERAL DE CONTABILIDADE. *ITG 2000 (R1).* Escrituração contábil. Disponível em: https://www1.cfc.org.br/sisweb/SRE/docs/ITG2000(R1).pdf. Acesso em: 16 maio 2023.

FABRETTI, Láudio Camargo. *Contabilidade tributária.* 16. ed. São Paulo: Atlas, 2017.

MARION, José Carlos. Atualização de Ricardo Pereira Rios. *Contabilidade empresarial e gerencial.* 19. ed. São Paulo: Atlas, 2022.

PÊGAS, Paulo Henrique. *Manual de contabilidade tributária*: 330 questões de múltipla escolha com gabarito. 10. ed. São Paulo: Atlas, 2022.

RECEITA FEDERAL DO BRASIL. *Instrução Normativa RFB nº 1.700, de 14 de março de 2017.* Dispõe sobre a determinação e o pagamento do imposto sobre a renda e da contribuição social sobre o lucro líquido das pessoas jurídicas e disciplina o tratamento tributário da Contribuição para o PIS/Pasep e da Cofins no que se refere às alterações introduzidas pela Lei nº 12.973, de 13 de maio de 2014. Disponível em: http://normas.receita.fazenda.gov.br/sijut2consulta/link. action?idAto=81268. Acesso em: 16 maio 2023.

RECEITA FEDERAL DO BRASIL. *Sistema Público de Escrituração Digital – Sped.* Disponível em: http://sped.rfb.gov.br/. Acesso em: 16 maio 2023.

nespix | iStockphoto

PARTE III

ÁREAS DE APOIO

Além dos departamentos em que você, provavelmente, atuará na profissão contábil, existem outros assuntos e outras áreas que é preciso conhecer. São assuntos modernos, que precisam estar presentes no dia a dia das empresas, e que estão dentro das chamadas áreas de apoio ou de suporte: tecnologia da informação, recursos humanos (gestão de pessoas) e qualidade.

Nesta terceira e última parte do livro, vamos passar por essas áreas, suas principais funções e inovações.

8 Tecnologia da Informação

monsitj | iStockphoto

INTRODUÇÃO

Ao longo deste livro, falamos bastante sobre a influência e a importância da tecnologia da informação (TI) na profissão contábil. Cada vez mais ela se torna essencial para que possamos desenvolver outras características exigidas pelo mercado.

Dedicaremos este capítulo a tratar da TI, de seus avanços, aplicações na profissão contábil e, também, da perspectiva de um departamento interno de apoio às atividades dos escritórios de Contabilidade.

8.1 Breve histórico da evolução da tecnologia da informação

Podemos imaginar o mundo sem as tecnologias existentes atualmente (celular, WhatsApp, internet etc.)? Com certeza, não! Todas essas tecnologias e essas ferramentas nos auxiliam no dia a dia. Esse é o papel da TI: facilitar a vida dos seres humanos, trazendo conforto e uma vida melhor.

As pessoas passam muito tempo do seu dia utilizando ferramentas como celular, computadores etc. Vejamos, na Figura 8.1, um gráfico do que acontece na internet a cada minuto.

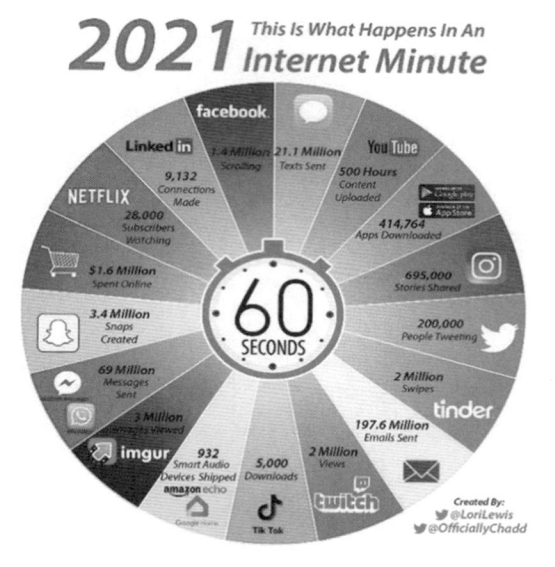

Figura 8.1   O que acontece na internet em um minuto.
Fonte: https://www.allaccess.com/merge/archive/32972/infographic-what-happens-in-an-internet-minute.
Acesso em: 17 maio 2023.

Como podemos notar, é espantosa a quantidade de interações existentes por minuto na internet; e esses dados são de 2021, imaginem como estamos agora! O desafio é imaginar como estaremos e que tecnologia teremos daqui a uma década, por exemplo. Podemos ter pistas, mas acertar 100% é inimaginável. Isso porque o crescimento da TI é exponencial. Vejamos um pouco de sua evolução a seguir.

Em 1946, surgiu o ENIAC, primeiro computador de uso geral. Contudo, era um equipamento muito grande, pesando cerca de 30 toneladas e ocupando uma área de 180 metros quadrados. Foi desenvolvido a pedido do exército americano. A máquina continha 70 mil resistores e 18 mil válvulas, consumindo 200 mil watts de energia.

Já em 1951, surgiu o primeiro computador comercial, o UNIVAC-1, alcançando sucesso no processamento de dados. Ainda se tratava de uma máquina bastante cara e de grandes proporções, porém, a partir dela, a evolução foi muito rápida.

No ano de 1971, foi criado o microprocessador, o que possibilitou que o microcomputador fosse criado em 1975, com a Apple lançando o Apple II em 1977.

A partir da década de 1980, os computadores passaram a ser difundidos e surgiram os *personal computers* (PC), lançados pela IBM. Daí por diante, a produção em escala e os avanços das máquinas foram cada vez maiores.

A internet foi criada, de certo modo, em 1970, quando a agência de projetos do departamento de defesa dos Estados Unidos instalou uma rede eletrônica de comunicação. Difundiu-se, porém, a partir da década de 1990.

A inteligência artificial, tão comentada atualmente, foi criada na década de 1950, pelos cientistas Hebert Simon e Allen Newell. Entretanto, seu desenvolvimento foi interrompido, sendo retomado há alguns anos.

Em seu livro *Você, Eu e os Robôs*, Martha Gabriel nos apresenta um gráfico com a evolução da tecnologia e seu crescimento exponencial (Figura 8.2).

> **DICA**
>
> Se você quiser se aprofundar mais nas Demonstrações Contábeis, um excelente livro é *Contabilidade Empresarial e Gerencial* (Marion), publicado pelo GEN | Atlas.

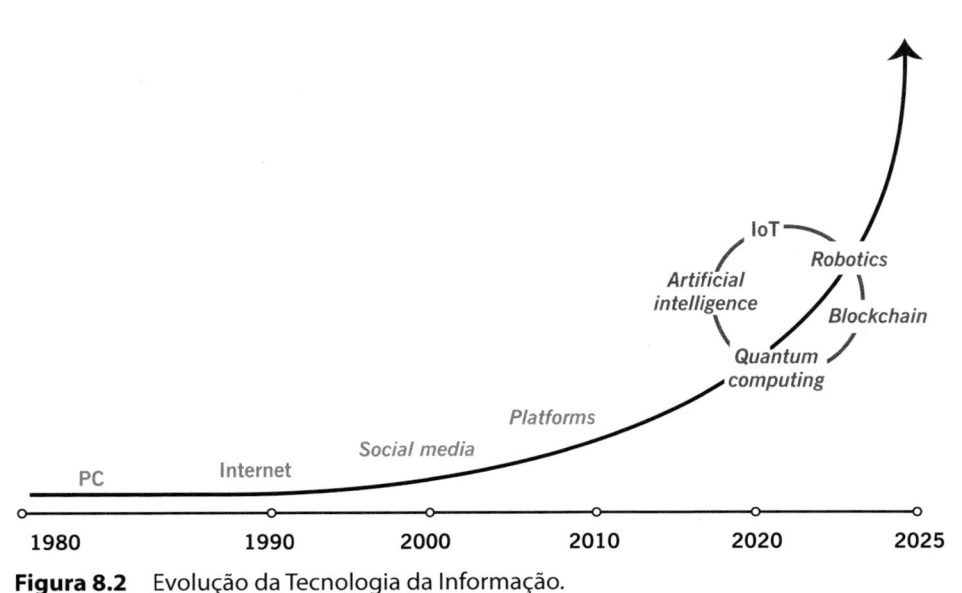

Figura 8.2 Evolução da Tecnologia da Informação.

Fonte: https://hackernoon.com/5-reasons-why-we-should-study-and-embrace-artificial-intelligence-8ba31c4d0c7f. Acesso em: 17 maio 2023.

Como podemos notar, atualmente estamos vivendo a era do surgimento e do crescimento da inteligência artificial, dos robôs, da computação quântica e da internet das coisas (IoT). Essas tecnologias estão trazendo significativos avanços para as aplicações em todas as áreas do conhecimento, e a Contabilidade está inserida nisso.

Martha Gabriel nos mostra também, citando Buckminster Fuller, o tempo para dobrar o conhecimento humano. Pasmem! Em 1900, demorava 100 anos para que todo o conhecimento da humanidade fosse dobrado; em 1945, esse tempo já era de 25 anos; em 2015, de 13 meses; e, em 2020, de apenas 12 horas. Isso mesmo, 12 horas! Como estaremos daqui a alguns anos?

Atualmente, estamos na era da inovação. Novas aplicações surgem o tempo todo e fica até difícil darmos conta de tanta atualização. Há, por exemplo, aplicações como o Watson, da IBM, que elabora petições para pessoas que precisam recorrer de multas, sendo inclusive utilizada por advogados. Aqui, abrimos parênteses, pois esse ponto é muito importante. Como dissemos, a tecnologia, embora possa ser a causadora do desaparecimento de algumas vagas de emprego, não pode ser encarada como inimiga ou prejudicial, mas sim parceira. Veja esse exemplo da plataforma Watson, da IBM: muitas pessoas podem utilizá-la e não necessitam de um advogado para elaborar suas defesas, em casos de multas de trânsito; por esse ponto de vista, parece bastante ruim para os advogados. Contudo, os próprios advogados estão usando a plataforma para justamente elaborarem essas petições para eles, ganhando assim um tempo inestimável, que pode ser utilizado para estudos e estratégias de defesa. Então, depende de qual ponto de vista queremos analisar.

Os avanços não param por aí, e não apresentam indícios de que vão parar ou serão parados (por governos). As impressoras 3D, por exemplo, representam outra revolução (Figura 8.3).

Hoje, com custo muito acessível, essas máquinas podem imprimir desde pequenos objetos até casas, peças automotivas, tendo-se notícia até mesmo da impressão de tecidos humanos e de um coração (Figura 8.4).

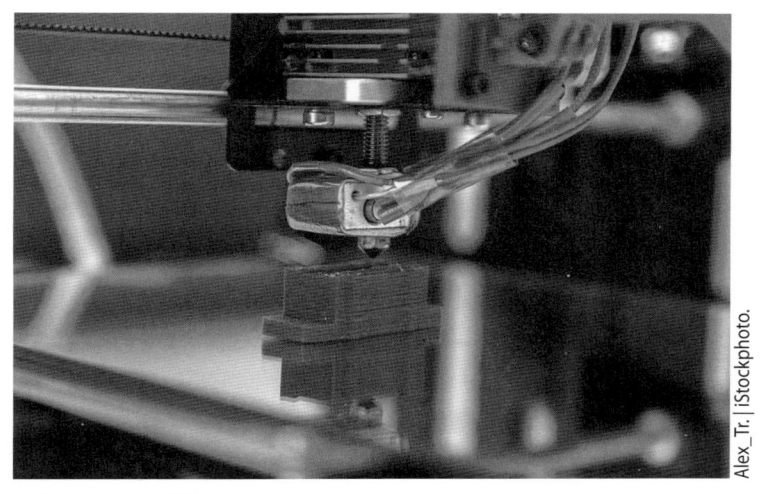

Figura 8.3 Impressora 3D.

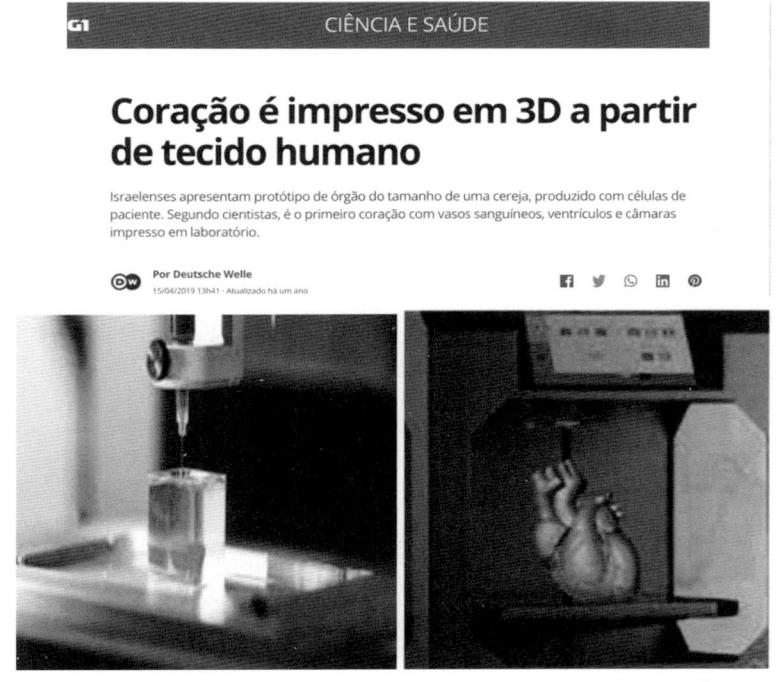

Figura 8.4 Reportagem sobre o uso de impressora 3D para feitura de um coração humano.

Fonte: https://g1.globo.com/ciencia-e-saude/noticia/2019/04/15/coracao-e-impresso-em-3d-a-partir-de-tecido-humano.ghtml. Acesso em: 17 maio 2023.

Outro avanço são os robôs, com o uso de inteligência artificial, que podem ter características físicas ou serem programas de computador criados para executar automaticamente determinadas tarefas (falaremos mais sobre robôs na próxima seção).

Estamos na era da *Machine Learning*,[1] dos grandes *big datas* (banco de dados), que são minerados e explorados pelas grandes empresas para traçarem nosso perfil e nos oferecerem produtos o tempo todo. Quem nunca fez uma busca por determinado produto, mas desistiu e, momentos depois, em tudo que acessa na rede, recebe justamente propaganda daquilo que pesquisou e não comprou? Algumas pessoas afirmam que, após apenas falar que gostariam de comprar algo (sem interação com celular ou computador), já receberam propaganda. E nosso YouTube, já personalizado com o que costumamos pesquisar e que a plataforma chama de "sugestões para você"? Será que estamos sendo conduzidos? Fica a pergunta!

Enfim, é impossível permanecer alienado desse universo que cresce e se transforma o tempo todo. Veja, por exemplo, a mudança de hábito de consumo das pessoas em relação às mídias. Antes se tinha um alto consumo de TV, mas isso está mudando, conforme apresentado na Figura 8.5.

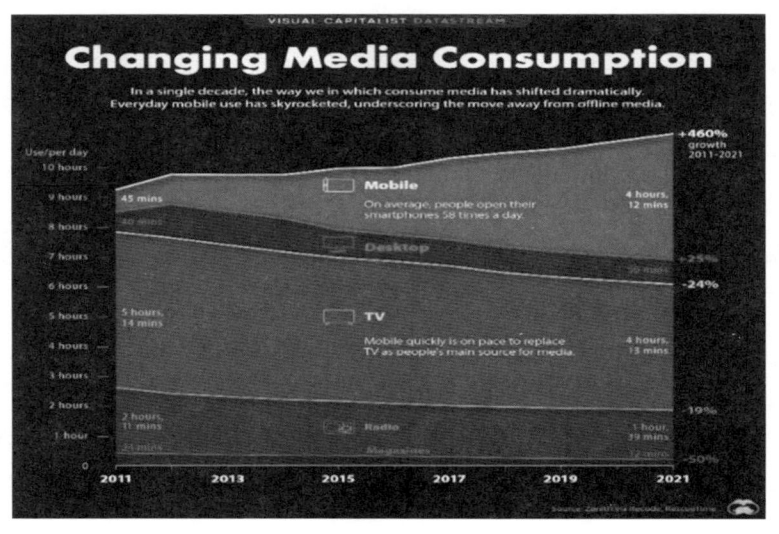

Figura 8.5 Mudança no consumo de mídia.
Fonte: https://www.visualcapitalist.com/how-media-consumption-has-changed-in-2021. Acesso em: 17 maio 2023.

---

[1] Aprendizagem de máquina, na qual a máquina tenta aprender como o ser humano.

Assim como ocorre nesse exemplo do crescimento do consumo de mídias pelo celular e do declínio da TV, os negócios estão se transformando ou vão se transformar. Precisamos compreender isso e nos adaptar para mudanças em nossas organizações ou profissões. Quem não se lembra de empresas como a Kodak, gigante do setor de filmes fotográficos e câmeras, que foi substituída inicialmente pelas câmeras digitais e, hoje, pelos aparelhos celulares? Ou da Blockbuster, gigante em locação de filmes, hoje substituída por plataformas de *streaming*? Podemos citar tantos outros casos, como a Uber, o Airbnb etc.

E nós? Vamos continuar na mentalidade de atendimento ao Fisco (somos chamados até de Darfeiros) ou vamos virar a chave e surfar na nova onda de mercado para a nossa profissão?

8.2 Inovações para a área contábil

Hoje em dia, são muitas as ferramentas que podem ajudar os profissionais da Contabilidade no seu cotidiano. Essas ferramentas incluem desde *softwares* essenciais ao seu trabalho até aplicações mais avançadas. Vamos comentar um pouco sobre elas a seguir.

8.2.1 *Softwares contábeis*

Como vimos ao longo deste livro, não basta ter um bom *software* contábil. São necessários outros, para os outros departamentos, e que estes se integrem com o contábil.

Existem soluções completas no mercado, as quais oferecem para empresas e escritórios de Contabilidade um pacote de *softwares*, um para cada setor, que se integram. Podemos citar o Contmatic, o Domínio Sistemas, o Fortes, o Alterdata, o Nasajon, o Prosoft, o Folhamatic, entre outros.

O avanço desses sistemas é muito grande. Mas, o mais importante, é que em muitos deles a interface com o usuário é muito amigável. Por exemplo, imagine que você está consultando o Razão de uma conta na tela e descobre um erro em um lançamento. Você já não precisa sair dessa tela, acessar a de lançamento, fazer a alteração e depois voltar para o Razão. Basta clicar no lançamento do próprio relatório e, pronto, ele abre para ser alterado. Pode parecer uma coisa pequena, mas, no dia a dia, economiza muito tempo e trabalho e, claro, citamos isso como um pequeno exemplo do que os *softwares* são capazes atualmente.

A seguir, veremos os principais avanços.[2]

---

[2] Nem todos os *softwares* citados têm essas funcionalidades, é preciso pesquisar.

Departamento pessoal

a) Fornecimento de portal para os funcionários dos clientes para consulta de todos os seus documentos, recibos de pagamento, férias etc.

b) Disponibilização de interface com o cliente para que este faça os apontamentos que alimentarão automaticamente a folha de pagamento e/ou a integração automática do relógio de ponto com a folha.

c) Geração automática de obrigações acessórias, em alguns casos com envio automático para os órgãos governamentais.

d) Pagamento via e-Cac.

e) Provisão automática de férias e 13° salário para integração com a Contabilidade.

f) Integração automática com o *software* contábil, exportando todos os lançamentos de salários, provisões e impostos.

Departamento fiscal

a) Integração automática com o *software* contábil, exportando (ou em tempo real) todos os lançamentos de entradas, saídas e apuração de impostos.

b) Realização de rotinas automáticas da escrita fiscal, eliminando digitação.

c) Geração e entrega automática de obrigações acessórias.

d) Envio automático para o Simples Nacional das informações mensais.

e) Pagamento via e-Cac.

f) Parcelamento de encargos.

g) Importador automático de notas fiscais de clientes (direto com as Secretarias de Fazenda).

h) Auditor Fiscal que verifica inconsistências na escrituração fiscal e no cruzamento das diversas obrigações acessórias, visando evitar erros de informações (inconformes ou divergentes) que poderiam resultar em multas.

Departamento financeiro

a) Integração automática com bancos.

b) Geração automática de notas fiscais.

c) Integração em tempo real com a Contabilidade.

d) Baixa automática de duplicatas a receber e de contas a pagar.

e) Conciliação bancária.

Departamento contábil

a) Importação de extratos bancários.

b) Integração com os demais departamentos, recebendo os dados e já os contabilizando automaticamente.

c) Conciliação de contas e lançamentos automaticamente.

d) Contabilização por centros de custos.

e) Geração de indicadores financeiros para análise das demonstrações contábeis.

Esses são alguns exemplos das funcionalidades dos *softwares* disponíveis no mercado, sem evidentemente a pretensão de exaurir os diversos recursos existentes. E quanto às novidades? O que mais está vindo para facilitar nosso trabalho?

8.2.2 *Robôs*

Os robôs, e aqui devemos entender como programas que executam determinadas tarefas, já são realidade nas empresas e nos escritórios de Contabilidade e são utilizados para diversas tarefas. Imagine, por exemplo, a rotina do escritório de Contabilidade de consultar, periodicamente, em todos os órgãos pertinentes, se a certidão negativa de débitos está saindo (o que indica que está tudo certo com o cliente e que este não tem nenhuma pendência). Dependendo da quantidade de clientes que se tenha, essa tarefa, que certamente será desenvolvida por algum colaborador, demora semanas. Acessar o *site*, colocar os dados do cliente, preencher as informações solicitadas, preencher os famosos códigos *Captcha* e processar. Pode não parecer, mas isso consome muito tempo, e um tempo desnecessário, no qual o colaborador poderia estar desenvolvendo tarefas muito mais importantes. Agora, imagine que um robô foi desenvolvido e ele tem uma única tarefa, consultar todo dia (ou noite) todas as certidões de todos os clientes, preenchendo esses dados automaticamente, verificando o resultado do processamento e, caso a certidão não esteja saindo, enviar um *e-mail* para o chefe avisando. Pois é, isso já existe e é apenas um dos muitos exemplos de aplicações que são desenvolvidas para realizar essas tarefas manuais que despendem muito tempo.

Existem robôs para emitir nota fiscal, para consultar determinadas coisas na internet, para entregar automaticamente os arquivos de obrigação acessória para o Fisco etc.

Estima-se que 70% das atividades de um escritório de Contabilidade podem ser robotizadas. Contudo, isso ainda é muito caro, pois não existe no mercado uma ferramenta única que realize esses processos. Então, os robôs acabam sendo desenvolvidos para demandas mais comuns e específicas ou sob encomenda (customização). É possível que, se uma ou algumas empresas entrarem nesse mercado e desenvolverem uma solução para atingimento em escala, haverá um barateamento dos custos para a aquisição dessas aplicações.

8.2.3 *Chatbots*

Chatbots também são robôs, porém interagem com as pessoas. Um exemplo são as inteligências artificiais dos bancos, que conversam com os clientes. Utilizadas, por enquanto, no atendimento básico, como dúvidas no *site*, informações etc., seu alcance não tem limite.

Imagine, por exemplo, o departamento fiscal de um escritório de Contabilidade que recebe diariamente um grande número de ligações para tirar dúvidas de emissão de nota fiscal, de classificação fiscal de produtos, alíquotas etc. Agora, imagine se houvesse um banco de dados com o armazenamento de toda a legislação tributária – e vimos no início deste capítulo que isso é perfeitamente possível – e que respondesse ao cliente automaticamente. Quanto tempo se economizaria? Além disso, o robô poderia responder a qualquer questão na hora e sem cometer nenhum erro ou esquecer nenhum detalhe. Isso já está sendo desenvolvido no mercado.

DICA

Quer saber mais sobre os *chatbots*? Leia o QR Code:

Então, vem sempre a pergunta: e como fica meu emprego no departamento fiscal, se o robô fará o meu trabalho? E a resposta, como já comentamos ao longo do livro, é que você deixará de fazer essa tarefa, mais burocrática e manual, e passará a concentrar-se em tarefas mais importantes, em que ainda o homem não é substituído pela TI, como análises tributárias, planejamentos etc.

8.2.4 *Blockchain*

O *blockchain* foi desenvolvido para as criptomoedas, tornando-se uma importante tecnologia que pode ser utilizada pela Contabilidade. Segundo a IBM, é um livro-razão imutável e compartilhado que facilita o processo de registro de transações e de controle de ativos em uma rede de negócios. Um ativo pode ser tangível (uma casa, um carro, dinheiro, terrenos) ou intangível (propriedade inte-lectual, patentes, direitos autorais, *branding*). Praticamente qualquer item de valor pode ser controlado e comercializado em uma rede de *blockchain*, o que reduz os riscos e os custos de todas as partes envolvidas.

Veja a importância do *blockchain,* pois garante a segurança das transações, uma vez que nenhum participante pode alterar ou adulterar uma transação depois de incluída no Livro Razão.

Essa ferramenta já pode ser utilizada pela Contabilidade e, certamente, representará um grande avanço na área. Imagine, por exemplo, conseguir au-ditar todas as transações de uma empresa em minutos! Com o *blockchain*, isso é possível. Pode ser utilizado como ferramenta por auditores para que possam emitir um parecer com segurança de 100%, já que todas as transações são checadas, ao contrário do que ocorre hoje, quando a auditoria trabalha por amostragem.

8.3 Tecnologia da informação no apoio à Contabilidade

Enfim, conforme verificamos, a TI está e estará cada vez mais presente no cotidiano da profissão contábil. Por isso, é preciso estar atualizado, conhecer as inovações, aprender sobre elas e como utilizá-las aproveitando o melhor custo-benefício possível.

É preciso entender que valores despendidos com tecnologia não são gastos, mas sim investimentos, inclusive porque podem, de fato, representar redução de diversos custos na empresa ou no escritório de Contabilidade. Embora pos-sa haver dispêndio com tecnologia, a economia que esta proporciona paga a conta com tranquilidade.

Por isso, fica a recomendação, especialmente para escritórios de Conta-bilidade, que mantenham um departamento de TI para apoio às atividades. Esse departamento poderá ajudar a investigar e conhecer novas tecnologias, aplicações que poderão otimizar as rotinas de trabalho e, consequentemente, reduzir custos. Além disso, poderá dar suporte aos usuários dos sistemas, gerenciar as permissões de acesso, controlar as rotinas de segurança, como *backup* ou soluções em nuvem, suporte à rede, à internet, a máquinas e equi-pamentos e apoio nas questões da Lei Geral de Proteção de Dados Pessoais (LGPD).

É de suma importância que esse departamento exista nas organizações e, em especial, nos escritórios de Contabilidade. Assim como também é fundamental que o profissional da Contabilidade com perfil moderno tenha conhecimentos sobre TI e mantenha-se em constante atualização sobre o tema.

REFERÊNCIAS

ALLACCESS. *Infographic*: what happens in an internet minute 2021. Disponível em: https://www.allaccess.com/merge/archive/32972/infographic-what-happens-in-an-internet-minute. Acesso em: 17 maio 2023.

CHATBOTS.ORG. *Chatbot*. Disponível em: https://www.chatbots.org/chatbot. Acesso em: 17 maio 2023.

GABRIEL, Martha. *Você, eu e os robôs*: como se transformar no profissional digital do futuro. 2. ed. São Paulo: Atlas, 2022.

GABRIEL, Martha. *Inteligência artificial*: do zero ao metaverso. São Paulo: Atlas, 2022.

IBM. *O que é a tecnologia blockchain?* Disponível em: https://www.ibm.com/br-pt/topics/what-is-blockchain. Acesso em: 17 maio 2023

9 Recursos Humanos

Prostock-Studio | iStockphoto

INTRODUÇÃO

Outro tema importante de que precisamos tratar e ao qual as empresas, de maneira geral, devem ter uma atenção muito grande são as pessoas. Exatamente, as pessoas – colaboradores da empresa – e sua qualidade de vida no trabalho.

Embora não seja um tema atual, a gestão de RH, com todos os avanços pelos quais estamos passando, as modificações no mundo do trabalho e no mundo como um todo, sobretudo recentemente em razão da pandemia de Covid-19, é cada vez mais premente. Muitas pessoas estão adoecendo no trabalho por conta das pressões e da velocidade das informações da sociedade contemporânea. Doenças como *burnout*, estresse e outras síndromes tomam conta dos noticiários e acendem luz amarela nas empresas.

É preciso fazer algo, ter políticas para criar e manter um ambiente saudável nas empresas. Portanto, é imprescindível a atuação do departamento de RH. É ele que pode ajudar em muito a tratar dessas questões e auxiliar a alta administração na criação e na manutenção de políticas e boas práticas de qualidade de vida para seus trabalhadores.

Além disso, se focarmos em escritórios de Contabilidade, a criação e atuação do departamento de RH pode atender internamente (para o próprio escritório) como também externamente (para seus clientes), desenvolvendo, dessa maneira, mais um tipo de serviço a ser prestado.

9.1 O que faz o departamento de recursos humanos?

Como dissemos na introdução, o departamento de RH sempre teve um papel muito importante dentro das empresas e, na atualidade e para o futuro, esse papel assume uma importância ainda maior, afinal, as pessoas são a essência das empresas e precisam ser cuidadas, trabalhar em um ambiente saudável para que possam desenvolver ao máximo o seu potencial, tanto de trabalho quanto de criação.

Fica claro que o papel do RH é muito maior do que simplesmente contratar e demitir pessoas. Aliás, essas são funções que, na parte mais operacional, são de competência do departamento pessoal. O papel do RH é apoiar a gestão da empresa no desenvolvimento de pessoas, na retenção de talentos, no desenvolvimento de um saudável ambiente de trabalho, entre outras coisas.

Precisamos entender que os colaboradores são, antes de tudo, seres humanos e, como tal, têm uma natureza complexa.

Vamos nos inspirar um pouco na obra do grande mestre Idalberto Chiavenato[1] para trazer, resumidamente, algumas questões que influenciam as pessoas na sua atuação no ambiente de trabalho. Chiavenato menciona três enfoques no estudo do comportamento das pessoas:

1. **O homem como um ser transacional**: é aquele que, além de receber insumos do ambiente e reagir a eles, também adota uma postura proativa que, em muitos casos, provoca mudanças no ambiente.

---

[1] Nas obras mais recentes, o mestre Chiavento substituiu o uso do termo **recursos humanos** por **gestão humana**. Segundo ele "em vez de utilizar somente a técnica, como sugere o termo recursos, a Gestão Humana vai além: ela busca a valorização das pessoas, seu desenvolvimento e suas competências nas organizações em que atuam. Recursos são administrados pois são inertes, estáticos, padronizados e sem vida própria." (2022).

2. **O homem com um comportamento dirigido para um objetivo**: significa que o homem é capaz de ter objetivos e aspirações e buscar alcançá-los.

3. **O homem como um modelo de sistema aberto**: aquele que desenvolve capacidades mentais de procedimento e adquire informações e crenças que lhe permitam conhecer as pessoas e as coisas do seu ambiente e enfrentá-las para a consecução de seus objetivos.

Fatores internos e externos podem influenciar o comportamento das pessoas dentro da empresa. Então, um ponto muito importante é a motivação humana. De acordo com Chiavenato, esse é um fator interno de influência essencial a ser analisado. Segundo essa teoria, as pessoas desenvolvem determinado comportamento com a finalidade de atingir um objetivo (satisfazer uma necessidade).

Sem querer aprofundar-nos nas teorias existentes sobre comportamento e motivação, fica evidente que é preciso que as pessoas estejam motivadas para que possam se desenvolver. O papel do departamento de RH é apoiá-las para que isso aconteça, gerenciando várias questões ligadas às pessoas, como:

- recrutamento e seleção;
- treinamento e desenvolvimento;
- avaliação de desempenho;
- gerenciamento de cargos, salários e benefícios;
- saúde e segurança;
- plano de carreira;
- clima organizacional.

Vejamos agora um pouco sobre cada uma dessas funções.

9.1.1 *Recrutamento e seleção*

Para recrutar pessoas, é preciso aplicar-se um processo. Esse processo consiste em um conjunto de procedimentos para atrair candidatos que estejam qualificados para o cargo existente.

Todo cargo ou função apresenta determinado perfil. Portanto, é fundamental encontrar o candidato com os requisitos para ocupar a vaga que está em aberto.

O processo de recrutamento e seleção é extremamente importante. Se for mal aplicado, pode causar imensos transtornos para a empresa e acabar resultando na demissão do contratado, recomeçando-se todo o processo.

Várias técnicas são utilizadas no recrutamento, como testes, entrevistas, provas etc.

Os testes mais utilizados são: o situacional (simulação de situações do ambiente de trabalho); o de QI; o inventário de sintomas e estresse; o inventário fatorial de personalidade (são aplicadas 130 questões relacionadas ao comportamento e à personalidade, com o objetivo de analisar 15 necessidades psicológicas); teste de atenção concentrada (medir a capacidade de atenção e concentração); teste de raciocínio lógico etc.

9.1.2 *Treinamento e desenvolvimento*

Como o próprio nome já diz, as pessoas precisam receber treinamentos para atuar em suas funções e manter-se atualizadas, bem como deve haver um planejamento para que elas possam se desenvolver profissionalmente e crescer como pessoas.

O treinamento e desenvolvimento é uma das mais poderosas ferramentas de transformação nas empresas. Desenvolver o ser humano e apoiá-lo para o crescimento é um forte fator motivacional para sua atuação. Muitas empresas possuem até academias particulares para estudo de seus colaboradores, tanto em questões técnicas de sua operação quanto em questões de formação geral e humana, as chamadas *soft skills*.

> **DICA**
>
> Uma excelente dica para você entender melhor sobre RH é o livro *Recursos humanos* (Chiavenato), publicado pelo GEN | Atlas.

O RH deve atuar de maneira estratégica para mapear as necessidades de treinamento e desenvolvimento dos colaboradores e desenvolver um plano de ação para apresentar à direção da empresa.

9.1.3 *Avaliação de desempenho*

Trata-se do processo pelo qual os colaboradores têm seu desempenho avaliado. O RH deve aplicar instrumentos de análise da *performance* do colaborador e verificar como está seu desempenho em relação aos objetivos do cargo e da organização.

Existem vários métodos ou técnicas para realizar a avaliação, entre eles:

- **Avaliação 360°**: em que o colaborador é avaliado pela gestão, pela liderança e por seus colegas, além da sua autoavaliação.
- **Avaliação por objetivos**: modelo com base no cumprimento de objetivos preestabelecidos.

- **Avaliação por competências**: cada tipo de cargo tem uma necessidade de competências e de habilidades e, nessa avaliação, verifica-se o quanto o funcionário cumpriu e está alinhado com essas competências.
- **Avaliação da equipe**: utilização de técnicas para avaliar, além do indivíduo, também a equipe à qual ele pertence.
- **Avaliação por escala gráfica**: técnica bastante utilizada. É realizada por meio de um formulário, com colunas horizontais e verticais, contendo critérios que serão analisados e escala de valores (ruim, bom e médio).

9.1.4 *Gestão de cargos, salários e benefícios*

O departamento de RH deve desenhar o perfil dos cargos da organização para que possa ter uma adequada política de salários e benefícios. Portanto, resumidamente, trata-se de estabelecer quais são os cargos, suas funções e o salário para isso.

Quando há essa política interna de cargos, salários e benefícios, os colaboradores ficam mais motivados, porque veem uma possibilidade de crescimento e construção de uma carreira dentro da empresa.

É muito importante que os critérios para a evolução dos cargos, bem como a política salarial e de benefícios, fiquem bem claros e transparentes para todos.

9.1.5 *Saúde e segurança*

A saúde e a segurança do trabalhador devem ser de total prioridade para as organizações.

Com relação à segurança, é preciso que o RH identifique os potenciais riscos no ambiente de trabalho, verifique se a empresa cumpre todas as normas de segurança existentes e conscientize o trabalhador.

Em determinados casos, é preciso treinamento. A operação de uma máquina, por exemplo, requer a utilização de equipamentos de segurança e até mesmo procedimentos específicos de operação.

Quanto à saúde, conforme mencionamos no início deste capítulo, estão aumentando as notícias de doenças relacionadas ao trabalho, que podem ir desde problemas físicos, como de coluna, lesões por esforços repetitivos (LER), surdez, cegueira etc., até problemas psicológicos, como depressão, *burnout*,[2] neurose profissional, transtorno de personalidade etc.

---

[2] *Burnout* é a síndrome do esgotamento profissional. O termo é de origem inglesa e significa "deixou de funcionar por exaustão de energia".

Portanto, o RH deve agir tanto para identificar situações como essas e oferecer apoio e tratamento ao colaborador quanto com políticas permanentes de prevenção a saúde. Alguns exemplos:

- ginástica laboral;
- flexibilidade da jornada de trabalho;
- assistência psicológica;
- palestras educativas (postura, dicas de relaxamento etc.).

9.1.6 *Plano de carreira*

Voltando ao Chiavenato, a palavra-chave é motivação. Todo ser humano vislumbra crescimento e reconhecimento. Quando ocupa um cargo na empresa, não é diferente; com certeza, ele busca crescimento em sua carreira profissional.

Um dos grandes fatores de desmotivação de profissionais é, justamente, não vislumbrarem perspectiva de crescimento dentro das organizações.

Por menor que seja a empresa, é fundamental que ela possua um plano de carreira, ou seja, um documento formal em que o funcionário conheça os cargos, as regras de promoção e consiga enxergar como ele pode crescer na estrutura empresarial. É papel do RH elaborar o plano de carreira.

9.1.7 *Clima organizacional*

Um bom clima organizacional é aquele que mantém um ambiente saudável para seus colaboradores, ou seja, que reduza o estresse, que seja um ambiente de colaboração entre as pessoas, que seja tranquilo, respeitoso etc.

Muitos pensam que isso está ligado a manter áreas de lazer, espaços para descanso e leitura etc. Na verdade, isso também é importante, porém vai muito além. Como já mencionamos, é importante que o ambiente seja leve, de reciprocidade entre os colaboradores e da gestão com eles, com *feedbacks* constantes, de maneira clara, honesta e transparente.

Como será que os colaboradores enxergam nossa empresa? Como percebem o ambiente de trabalho? É importante saber, e isso deve ser feito por meio de avaliação de clima organizacional, aplicada pelo RH. Com a análise dos resultados, o RH faz propostas de melhoria para a gestão.

Essa avaliação, o *feedback* para os colaboradores e as políticas de melhoria são fatores de grande motivação.

9.2 Oportunidade para a área contábil

Vimos neste livro que os escritórios de Contabilidade têm um departamento, chamado departamento pessoal, que presta serviços para seus clientes, ligados a rotinas de cálculos de folha de pagamento, férias, rescisões, processo operacional de admissões e demissões, entrega de informações para o Fisco etc.

Entretanto, como pudemos perceber neste capítulo, as empresas têm uma grande necessidade de cuidar das pessoas, da saúde, segurança, bem-estar, clima organizacional etc. As grandes companhias contam com recursos para ter um departamento interno de RH e prover a seus funcionários toda essa estrutura. Mas e as pequenas e médias?

Eis uma oportunidade de atuação dos escritórios no apoio a essas empresas.

Claro que, para isso, é preciso que seja estruturado um departamento específico de RH, que reúna profissionais qualificados para essa atuação e que possa atender tanto os RH internos (do próprio escritório, porque isso também é fundamental) quanto os de seus clientes.

Como já mencionamos, no futuro, as atividades operacionais que hoje são realizadas pelo departamento pessoal serão feitas automaticamente pelos *softwares*, restando poucas atividades que ainda precisarão ser feitas por pessoas. Então, para esse setor, a solução pode estar justamente na migração de seu trabalho operacional para a prestação de um serviço mais amplo e especializado, realizando a gestão de pessoas de seus clientes.

O *turnover*[3] em boa parte dessas empresas é bastante alto e, muitas vezes, isso ocorre justamente por falta de gestão, de políticas internas como a que citamos neste capítulo e que são de competência do setor de RH.

Como seria bom para essas empresas receber esse apoio de seu escritório de Contabilidade! Além disso, seria um grande diferencial de mercado. Fica aí a dica!

> **DICA**
>
> Não espere pelo futuro para se atualizar para novas oportunidades, isso leva tempo. Comece já!
> Existem excelentes cursos de RH. Os tecnólogos têm duração de 2 anos.

---

[3] *Turnover* é a taxa de rotatividade da empresa, ou seja, o percentual de substituição de funcionários.

REFERÊNCIAS

BOOG, Gustavo G.; BOOG, Magdalena T. *Manual de treinamento e desenvolvimento*: processos e operações. São Paulo: Person Prentice Hall, 2006.

CHIAVENATO, Idalberto. *Recursos humanos*: o capital humano das organizações. 11. ed. São Paulo: Atlas, 2020.

CHIAVENATO, Idalberto. *Administração de recursos humanos*: gestão humana. 9. ed. São Paulo: Atlas, 2022.

10 Gestão da Qualidade

gesrey | iStockphoto

- Entender o que é a qualidade e a importância de sua gestão
- Conhecer as atividades da gestão da qualidade
- Compreender a importância da gestão da qualidade nos escritórios de Contabilidade

INTRODUÇÃO

A qualidade deve, sem dúvida nenhuma, estar presente em todos os processos de uma empresa, o que garantirá o mesmo resultado para o seu produto final.

Para cada departamento que descrevemos neste livro, é preciso haver um processo e controles que garantam uma entrega eficaz de seus serviços.

Se pensarmos na Contabilidade como último departamento a entregar o seu produto, que são os relatórios contábeis, ela necessita que toda a cadeia de informações seja eficaz, cumpra prazos e entregue seu trabalho em ordem, pois somente assim ela poderá cumprir sua missão.

Portanto, cada departamento tem dois tipos de "clientes": os internos (demais departamentos com os quais ele se relaciona); e os externos (Fisco, cliente final, diversos usuários da informação etc.). E a atenção dispensada à qualidade tem que ser igual para ambos.

Neste capítulo, vamos ver a importância da gestão da qualidade na empresa como um todo e os benefícios da adoção de um programa eficaz.

10.1 O que é gestão da qualidade?

Evidentemente, todos os produtos e serviços disponibilizados deveriam ter qualidade. Contudo, nem sempre isso ocorre. É importante que as empresas tenham controles e processos que garantam a qualidade dos seus produtos e/ou serviços.

O tema da qualidade já é objeto de estudo desde o século XX. Carpinetti e Gerolamo (2022) nos explicam que a evolução da gestão da qualidade ocorreu ao longo daquele século, passando por quatro estágios, que representam marcos: a inspeção do produto, o controle do processo, os sistemas de garantia da qualidade e, por fim, a gestão da qualidade total ou gestão estratégica da qualidade.

Contudo, fica a pergunta: o que é qualidade? Os autores explicam que o conceito de qualidade também evoluiu. Até os anos 1950, o foco do controle da qualidade estava no produto, ou seja, em entregar um produto com perfeição técnica. A partir da década de 1950, um outro movimento conduziu o conceito de qualidade para algo mais amplo: de que seria não apenas a perfeição técnica do produto, mas também o grau de adequação aos requisitos do cliente. Portanto, o olhar foi ampliado.

A International Organization of Standardization (ISO) começa a evoluir seus estudos e entender qualidade como o grau no qual um conjunto de características inerentes satisfaz a requisitos. Em outras palavras, existem características que conferem qualidade a um produto.

De acordo com Carpinetti e Gerolamo (2022):

> A satisfação dos clientes quanto aos atributos de um produto depende da relação entre a expectativa sobre o produto no momento da aquisição e a percepção

adquirida sobre o produto no momento do consumo. Essa relação é chamada de qualidade percebida. Assim, existirá satisfação quando a percepção superar a expectativa e analogamente insatisfação quando o contrário ocorrer.

A partir do final da década de 1980, a ISO editou várias normas e diretrizes da chamada série 9000:

- **ISO 9000:2015**: Sistema de gestão da qualidade – Fundamentos e vocabulário.
- **ISO 9001:2015**: Sistema de gestão da qualidade – Requisitos.
- **ISO 9004:2010**: Gestão para o sucesso sustentado de uma organização – Uma abordagem da gestão da qualidade.

Com relação à gestão da qualidade, as principais normas são as apresentadas no Quadro 10.1.

Quadro 10.1   Principais normas da qualidade

Norma	Descrição	Publicação
ABNT NBR ISO 9000	Sistemas de gestão da qualidade – Fundamentos e vocabulário	2015
ABNT NBR ISO 9001	Sistemas de gestão da qualidade – Requisitos	2015
ABNT NBR ISO 9004	Gestão para o sucesso sustentado de uma organização – Uma abordagem da gestão da qualidade	2010
ABNT NBR ISO 10001	Gestão da qualidade – Satisfação do cliente – Diretrizes para códigos de conduta para organizações	2013
ABNT NBR ISO 10002	Gestão da qualidade – Satisfação do cliente – Diretrizes para o tratamento de reclamações nas organizações	2005
ABNT NBR ISO 10003	Gestão da qualidade – Satisfação do cliente – Diretrizes para a resolução externa de litígios das organizações	2013
ABNT NBR ISO 10004	Gestão da qualidade – Satisfação do cliente – Diretrizes para monitoramento e medição	2013
ABNT NBR ISO 10005	Gestão da qualidade – Diretrizes para planos da qualidade	2007
ABNT NBR ISO 10006	Gestão da qualidade – Diretrizes para a gestão da qualidade em empreendimentos	2006
ABNT NBR ISO 10007	Gestão da qualidade – Diretrizes para a gestão de configuração	2005
ABNT NBR ISO 10008	Gestão da qualidade – Satisfação do cliente – Diretrizes para transações de comércio eletrônico de negócio a consumidor	2013

(continua)

(continuação)

Norma	Descrição	Publicação
ABNT NBR ISO 10012	Sistemas de gestão de medição – Requisitos para o processo de medição e equipamento de medição	2004
ABNT ISO/TR 10013	Diretrizes para a documentação de sistema de gestão da qualidade	2002
ABNT NBR ISO 10014	Gestão da qualidade – Diretrizes para a percepção de benefícios financeiros e econômicos	2008
ABNT NBR ISO 10015	Gestão da qualidade – Diretrizes para o treinamento	2001
ABNT ISO/TR 10017	Guias de técnicas estatísticas para ABNT NBR ISO 9001:2000	2005
ABNT NBR ISO 10018	Gestão da qualidade – Diretrizes para envolvimento das pessoas e suas competências	2013
ABNT NBR ISO 10019	Diretrizes para a seleção de consultores de sistema de gestão da qualidade e uso de seus serviços	2007
ABNT NBR ISO 15100	Sistemas de gestão da qualidade – Requisitos para organizações de aeronáutica, espaço e defesa	2010
ABNT NBR 15101	Sistemas de gestão da qualidade – Requisitos para auditoria de organizações de aeronáutica, espaço e defesa	2011
ABNT NBR 15419	Sistemas de gestão da qualidade – Diretrizes para a publicação da ABNT NBR ISO 9001:2000 nas organizações educacionais	2006
ABNT NBR ISO 19011	Diretrizes para auditorias de sistema de gestão	2012
ABNT NBR ISO/TS 16949	Sistema de gestão da qualidade – Requisitos particulares para aplicação da ABNT NBR ISO 9001:2008 para organizações de produção automotiva e peças de reposição pertinentes	2010
ABNT NBR ISO 18091	Sistemas de gestão da qualidade – Diretrizes para a aplicação da ABNT NBR ISO 9001:2008 em prefeituras.	2014

Fonte: Carpinetti e Gerolamo (2022).

Esse conjunto de normas nos traz padrões de qualidade, de gestão etc. Inclusive, se a empresa quiser, depois de implantar um sistema de qualidade, pode solicitar uma auditoria para certificação ISO. A certificação garante que a organização atende às normas de qualidade em seus processos internos. Dependendo do segmento de atuação, isso é até obrigatoriedade, especialmente quando se transaciona com grandes empresas.

É comum, por exemplo, que uma pequena ou média empresa que forneça produtos ou preste serviços para uma grande empresa só o possa fazer (ser credenciada para fazê-lo) mediante comprovação de padrões de qualidade.

As empresas que possuem essa certificação acabam se destacando e isso passa a ser um diferencial competitivo.

Mas, independentemente desse fator, a implantação e a gestão do sistema de qualidade são fundamentais para qualquer empresa, desde a menor até a maior. Isso porque os benefícios com a gestão da qualidade podem ser diversos. Vamos a eles:

- **Controle de processos**: para fazer a gestão da qualidade é preciso, inicialmente, mapear todos os processos da empresa. Isso é muito importante porque pode ser um momento de reavaliação desses processos, maior conhecimento sobre eles, revisitação.
- **Aumento da produtividade**: com a revisitação dos processos, é possível eliminar tarefas desnecessárias, encontrar caminhos alternativos, simplificar operações etc.
- **Redução de custos**: é possível reduzir desperdícios, simplificar e/ou eliminar atividades etc. Isso leva a outro benefício, que é poder otimizar a estrutura e, consequentemente, reduzir o preço dos produtos e/ou serviços, trazendo maior competitividade no mercado.
- **Aumento da fatia de mercado**: com um bom padrão de qualidade, a satisfação dos clientes está garantida, o que evita a busca pela concorrência, além de eles indicarem o produto e/ou serviços para outras pessoas e/ou empresas.

10.2 Escritórios de Contabilidade e gestão da qualidade

Vamos nos concentrar agora nos escritórios de Contabilidade. É muito importante que também implantem um sistema de qualidade em seus processos e façam a gestão periódica desse sistema. Ressaltamos que não é preciso fazer isso com fins de obtenção de um certificado de qualidade. Claro que, se for obtido, melhor ainda. Entretanto, o intuito é de fato a implementação com fins de melhoria interna, redução da estrutura, melhoraria do desempenho, mitigação de riscos etc.

Não importa o tamanho do escritório, recomendamos que todos tenham a gestão da qualidade.

Mas isso custa caro? Evidentemente, toda implantação de normas e adequações tem custos. É preciso capacitar os colaboradores, contratar profissionais especializados para apoio na implantação, realizar adequações físicas na empresa etc. Contudo, os benefícios que virão dessa implementação são grandes e, com toda certeza, trarão receitas ou redução de custos suficientes para pagar todo o investimento.

Tal qual a tecnologia da informação, é preciso encarar o dispêndio com a implantação do sistema como investimento, não como despesa.

Existem vários escritórios que já implementaram sistemas de gestão da qualidade, inclusive chegando até a certificação ISO 9001. Em São Paulo, destacou-se durante muitos anos o Programa de Qualidade de Empresas Contábeis (PQEC), desenvolvido pelo Sindicato das Empresas de Serviços Contábeis (SESCON), do qual muitos escritórios de Contabilidade participavam, tendo que, anualmente, comprovar avanços no sistema de qualidade para receber a certificação da entidade. A cada ano, as empresas participantes avançavam de estágio (estágios faziam parte do programa, que desenvolvia um plano de ação dentro de um prazo de maturação, para cada etapa); o auge era chegar até a última etapa e solicitar a visita da auditoria para a obtenção da certificação ISO 9001. É importante destacar que esse trabalho era feito pela entidade na busca de melhorar a qualidade dos serviços contábeis prestados pelos seus associados.

A dica que deixamos para os escritórios de Contabilidade é: invistam nisso! Além de todos os benefícios que mencionamos, é muito difícil estar pronto para atender o mercado, nos moldes de exigência que comentamos ao longo de todo o livro, sem ter um apoio que sustente toda a estrutura necessária para isso.

10.3 Como implementar a gestão da qualidade em escritórios de Contabilidade

Para implementação de um sistema de gestão de qualidade em um escritório de Contabilidade é preciso um bom planejamento. Primeiramente, deve-se realizar um trabalho muito forte de conscientização junto aos colaboradores. Uma coisa é começar um sistema de qualidade no início de uma empresa, desenhando os processos quando ela está começando; outra coisa é mudar processos que já estão implantados há muito tempo.

O ponto-chave para a implementação e, acreditamos, também o mais complicado são as pessoas da organização. Você muitas vezes vai ouvir: "Mas por que mudar? Eu faço desse jeito há anos!".

Nesse momento, o departamento de RH é de suma importância para fornecer apoio.

Mudar é complicado, traz desconforto e é natural do ser humano reagir à mudança. Algumas empresas acabam tendo que dispensar pessoas com muitos anos de casa, às vezes em cargos de gestão, em razão da resistência em se adaptar a novas situações.

Por isso, como primeiro passo, é fundamental fazer palestras de conscientização, explicar muito bem o propósito da mudança e da implementação, os benefícios para todos, realizar rodas de conversa, ouvir os colaboradores etc. Muitas empresas utilizam até mesmo psicólogos para apoio nas principais mudanças.

O segundo passo é, caso a empresa ainda não as tenha, escrever muito claramente a missão e a visão da empresa (no caso, do escritório). Isso precisa estar claro para todos e deve, inclusive, estar exposto nas principais áreas de circulação da empresa.

O passo seguinte é estabelecer quais são os seus valores, ou seja, quais suas ideias, suas atitudes e comportamentos; por exemplo: integridade, profissionalismo, responsabilidade social etc.

Com base nos valores estabelecidos, e amplamente divulgados, é que se desenvolvem as políticas da qualidade, que são compromissos como: atender aos requisitos dos clientes; garantir constante atualização técnica dos colaboradores etc.

Uma vez estabelecidos os compromissos, determinam-se os objetivos, para que possam ser mensurados por indicadores que demonstrarão se o compromisso foi atendido ou não.

No Quadro 10.2, vamos dar um exemplo de compromissos, objetivos e indicadores.

> **DICA**
>
> Se você quer implementar a gestão da qualidade no seu escritório, uma dica é visitar um colega que já tenha feito o processo. As experiências de quem já fez podem ajudar em muito o seu procedimento.

Quadro 10.2 Compromissos, objetivos e indicadores de mensuração

Compromisso	Objetivo	Indicador
Atender aos requisitos dos clientes, regulamentares e estatutários aplicados ao negócio	Melhorar a comunicação com os clientes	Índice de satisfação do cliente
	Cumprir antecipadamente as obrigações principais e acessórias	Atendimento ao prazo de entrega
	Evitar autuações	Percentual de autuações sobre o faturamento
Melhorar continuamente a eficácia do sistema de gestão da qualidade por meio da melhoria do desempenho dos processos	Aumentar o faturamento	Aumento do faturamento
	Evitar retrabalho	Índice de retrabalho
	Diminuir o custo operacional	Redução do custo operacional
Garantir constante atualização	Aumentar o grau de comprometimento de sócios e colaboradores	Percentual de não conformidades ocorridas em função da falta de atualização técnica
Verificar constantemente a infraestrutura para garantir a qualidade dos serviços prestados	Manter a funcionalidade do sistema informatizado	Percentual de paralisação das atividades em função do sistema
	Manter a organização e a boa ordem da infraestrutura para o trabalho (arquivos, gavetas, mesas etc.)	Índice de ocorrência em função da vistoria

Vamos pegar como exemplo o primeiro compromisso: atender aos requisitos dos clientes, regulamentares e estatutários aplicados ao negócio. Notem que ele possui três objetivos: melhorar a comunicação, entregar antecipadamente as obrigações e evitar multas. Tendo este último como exemplo, para a medição é preciso aplicar a regra disposta na coluna indicador, que no caso é percentual de autuações sobre o faturamento. Logo, o escritório precisará manter o histórico de multas × faturamento para que possa analisá-lo periodicamente e verificar se está havendo melhora nesse quesito e, caso não esteja, tomar ações para caminhar nessa direção.

Feito isso, é preciso mapear os processos de cada departamento da empresa. Nesse mapeamento, é preciso identificar: quem são os fornecedores do departamento (aqueles que alimentam informações para o departamento), os quais podem ser internos (outros departamentos) ou externos (cliente); quem são os clientes do departamento (aqueles a quem ele tem que entregar alguma tarefa ou trabalho); e quais são as tarefas desenvolvidas no departamento (uma por uma). Esse é um excelente momento para rever, repensar etc. Uma vez definidos, produz-se um documento de registro desse mapeamento.

Depois de feito o mapeamento, é preciso, para cada tarefa que foi listada, escrever qual a sua rotina, passo a passo, ao que damos o nome de instrução de trabalho. É muito importante que nesse documento esteja retratado de fato como é feita aquela tarefa. Aliás, quando recebemos um auditor de certificação ISO, é isso que ele verifica, ou seja, se a empresa realiza seus processos da maneira que diz (escreveu) que faz. Portanto, o que se escreve tem que refletir a realidade.

É preciso também elaborar um manual, como documento mestre, no qual são descritos: a história da empresa, sua missão, visão, valores, políticas, principais indicadores de medição, estrutura organizacional, atividades desenvolvidas, responsáveis pela gestão de recursos financeiros e humanos, infraestrutura, como serão feitas as auditorias para verificação do sistema de qualidade, como tratar os dados, a satisfação do cliente, a satisfação dos colaboradores, políticas de divulgação dos resultados, como trabalhar o processo de melhorias, ações corretivas e preventivas etc.

Outros pontos que também precisam ser documentados são: como será feito todo o registro do sistema de qualidade, seus responsáveis e a forma de sua guarda, além da política de descarte.

O ideal é que haja um departamento da qualidade para cuidar de toda essa gestão, mas, em escritórios menores, é possível que esse sistema seja controlado pelos próprios departamentos, havendo um líder que conduza o processo.

Importante ressaltar que toda essa documentação deve ser aprovada por quem de direito dirige a empresa e divulgada para todos os colaboradores. Ao ingressar na empresa, todo novo colaborador deverá ter acesso a essa documentação, lê-la e estudá-la e passar pelo processo de integração (onde se apresentam a empresa, suas normas etc.).

Os documentos poderão ser revisados periodicamente, visando à melhoria dos processos.

Para resumir, podemos assim elencar as principais atividades do sistema (ou departamento) da qualidade:

- controle de documentos;
- gestão das auditorias internas;
- gestão das ações preventivas e corretivas;
- manutenção dos indicadores de desempenho;
- acompanhamento da satisfação dos clientes;
- controle de registro da qualidade;
- controle de serviço não conforme.

Portanto, vejam que se trata de um sistema, com políticas e normas de atuação. Recomenda-se aos interessados em implementá-lo que contratem uma consultoria especializada em ISO 9001 para auxiliar no processo, porque as demandas são grandes e, para empresas que já atuam no mercado, as mudanças são bem difíceis.

REFERÊNCIAS

CARPINETTI, Luiz Cesar Ribeiro; GEROLAMO, Mateus Cecílio. *Gestão da qualidade ISO 9001:2015*: requisitos e integração com a ISO 14001:2015. São Paulo: Atlas, 2016.

KIRCHNER, Arndt *et al. Gestão da qualidade*: segurança do trabalho e gestão ambiental. Tradução: Profa. Dra. Ingeborg Sell. São Paulo: Blucher, 2009.

Índice Alfabético